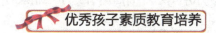

优秀孩子素质教育培养

# 成就孩子一生的
# 50件事

周　周◎编著

北京联合出版公司
Beijing United Publishing Co.,Ltd.

**图书在版编目（CIP）数据**

成就孩子一生的50件事 / 周周编著. —— 北京：北京联合出版公司，2014.11（2019.4 重印）
（优秀孩子素质教育培养）
ISBN 978-7-5502-4090-2

Ⅰ．①成… Ⅱ．①周… Ⅲ．①素质教育-青少年读物
Ⅳ．①G40-012

中国版本图书馆CIP数据核字(2014)第268816号

# 成就孩子一生的50件事

编　著：周　周
选题策划：大地书苑
责任编辑：徐秀琴　昝亚会
封面设计：尚世视觉
版式设计：李　霞

北京联合出版公司出版
（北京市西城区德外大街83号楼9层　　100088）
北京一鑫印务有限公司印刷　新华书店经销
字数200千字　710毫米×1000毫米　1/16　12印张
2019 年 4 月第 2 版　2019 年 4 月第 2 次印刷
ISBN 978-7-5502-4090-2
定价：49.80元

## 第1章　培养爱心

## 第2章　学会信任

目录

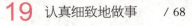

## 第5章　热爱学习

# 培养爱心

## 01

『谢谢』经常挂嘴边

XIE XIE JING CHANG GUA ZUI BIAN

对于陌生人的善意帮助，对于爸爸妈妈的无私爱心，对于大自然赐予我们的阳光雨露，你都要怀着感恩的心说一声"谢谢"。

松鼠兜兜喜欢用钱来衡量每件东西。他想知道看见的每件东西的价钱，如果这个东西不是很贵，他便认为其毫无价值。

但是他还不知道有很多东西不是用金钱就能买到的，其中有一些东西是世界上最宝贵的东西。

这天早晨，兜兜在吃饭的时候，把一张叠得整整齐齐的纸条放在妈妈的面前。妈妈打开纸条，她睁大了眼睛，简直不能相信这是她的乖儿子兜兜写的。纸上这样写着：

妈妈欠兜兜：

洗碗3元

倒垃圾2元

倒水1元

松鼠妈妈看着这张纸条笑了，但她什么也没说。

吃午饭时，松鼠妈妈将一张纸条连同6元钱一起放在兜兜的面前。纸条整整齐齐地叠着，像兜兜给妈妈的纸条一样。把纸条打开时，兜兜发现是一张妈妈写的账单，纸条是这样写的：

兜兜欠妈妈：

教养他0元

在他生病时照顾他0元

买衣服、鞋子和玩具0元

吃饭和漂亮的房间0元

兜兜总共欠妈妈0元

兜兜坐在那儿看着这张新账单，没有说一句话。几分钟以后他站起来，把那6元钱从口袋里拿出来，放在妈妈的手中，说："妈妈，谢谢您！"

妈妈开心地说："乖孩子，一句谢谢比什么都值钱！"

在生活中，你有没有经常

## 第1件事
### "谢谢"经常挂嘴边

#### 记一记

感恩节是美国等国的习俗节日，美国的感恩节是每年11月的第四个星期四，加拿大的感恩节是每年10月的第二个星期一。

说"谢谢"？能够经常说"谢谢"的人一定是一个懂得感恩的人。

要知道，有时，一千句、一万句的感激，都凝聚在"谢谢"这两个字上了。对于陌生人的善意帮助，对于老师的谆谆教导，对于爸爸妈妈的无私关爱，对于大自然赐予我们的阳光雨露，我们都要怀着感恩的心说一声"谢谢"。

如果你想说"谢谢"，就马上说出来吧；如果你怀有感恩之心、感激之情，就尽快把它表达出来吧！要让"谢谢"成为你心灵的白鸽，而不要让它成为长期压在心上的石头。

今天，你说"谢谢"了吗？

#### 做一做

想一想，什么情况下该向对方说声"谢谢"，把它写下来，经常看看并努力去实践。

★ _____

★ _____

★ _____

# 02

看一次大海

KAN YI CI DA HAI

爸爸终于带我去看大海了。站在蓝蓝的海边，看着一望无际的水面，吹着凉凉的海风，真是惬意极了。海浪一阵阵涌过来，我就在它的水花里做游戏，我向海浪扑去，海浪又把我冲上了岸边……

玩儿累了，我就和爸爸妈妈在岸边休息。向远处望去，好像大海和天连在了一起。我问爸爸："爸爸，大海到底有多大呀？"

爸爸笑着把我拉到身边说："地球上的海洋很大，约占地球表面的71%。我国

的海岸线很长，从渤海到黄海、东海、南海至北海湾。"

"这么大！那大海里有什么东西呢，除了鱼类之外？"

"海洋深处蕴藏着数不清、探不尽的宝藏：大量的石油、丰富的矿产，还有很多鱼类和罕见的珍珠，有些是陆地上找不到的。这些丰富的资源为人类创造了数不清的财富。"

妈妈感慨地说："大海多可爱啊！它不仅美丽，而且还是一个大宝藏呢！"

望着大海，我深深地陶醉了。

面对大海的时候，我们不仅能感受到碧水蓝天的美丽，还可以感受到大海宽广无边的豪迈，那样一种海阔天空可以让我们的视野无限地扩大，让我们的心胸更加开阔，让我们看得更远，立大志，成大事。

你有没有听过《井底之蛙》的故事呢？

一口废井里住着一只青蛙。它一直以为

这口井就是世界上最大的地方，直到有一天，它碰到了一只从海里来的大龟。它从大龟那里听到了这样的描述：

"海有多大呢？即使用千里之遥的距离来形容也表达不了它的壮阔，用千丈之高的大山来形容，也比不上它的深度。夏禹的时候，十年有九年下大雨，洪水泛滥成灾，海面却也不见丝毫增高；商汤的时候，八年里有七年大旱，土地都裂了缝，海面却也丝毫不见降低。能够生活在大海里，在无边无际的大海里畅游，那才是真正的快乐呢！"

井底的青蛙听了海龟的一番话，吃惊地愣在那里，再也无话可说了。它这才知道自己生活的天地是多么狭小。

如果我们长期把自己束缚在一个狭小的天地里，就会像那只井底之蛙那样，变得目光短浅、自满自足。

"我有一所房子，面朝大海，春暖花开。"这是诗人海子的诗歌中非常著名的一句，给我们留下了无限的遐想。

我们要站在海边，感受大海的宽广无边。我们要勇敢地迎接海浪，接受一次又一次的挑战。我们要在大海的碧水蓝天下做一个美丽的遥远的梦，我们还要捡一些美丽的贝壳，在记忆里留下一段最珍贵的故事。

## 第2件事
### 看一次大海

## 读一读

读一读亚历山大·基兰写下的《大海》，写一写你的阅读感受。

### 学一学

**★海水为什么是蓝色的？**

太阳光照射到海洋上时，只有蓝色的光线被反射回来，而其他几种颜色的光线都被海水吸收了，这样我们看到的海水就是蓝色的了。

**★海水为什么是咸的？**

大大小小的河流流经陆地时，从岩石和泥土中吸取了大量的盐，并把这些盐带入海中。所以海水就是咸的。我们在海岸边设置盐田，使海水慢慢蒸发，就可以得到海盐，全世界每年生产海盐约1亿吨。

**★海为什么有波浪？**

海水本身并不会产生波浪。波浪是受风力、海底地震或月亮与太阳的吸引力的影响而产生的。在这些因素当中，风力对海的波浪影响最大。

**★海洋有多大？**

如果把地球表面分为四份，那么有三份都被海水覆盖着，只有一份是陆地。地球可以说是一个名副其实的水的星球。

# 03

## 我是最棒的

　　著名的宗教领袖马丁·路德·金说过："人类所做的每一件事都是抱着希望而做成的。"一个人如果没有自信，首先就被自己的自卑打倒了，更别说胜利了。

　　有一个周末，老师带领学生观看了一场国外颇有知名度的马戏团表演。

　　"看！"同学们睁大眼睛，指着舞台惊叫道。

　　原来，舞台上老虎的脚被铁链儿拴着，而铁链儿末端被钩子固定住，似乎只

9

要老虎稍微用一点儿力气，就可以挣脱。

"老师，万一老虎挣脱铁链儿攻击人的话，那怎么办呢？"

"老虎从小被拴住，当时它无法用力挣脱，虽然现在老虎已经长得又大又壮，只要用一点儿力就能够挣脱链子，但它却想都没有想过呢！"

同学们听了，纷纷点头，原来老虎已经丢掉了信心，所以再也战胜不了困难了。

老师笑着说："希望大家不要像老虎那样，不管是在学习还是在生活上，遭受了一些挫折和失败后，就丧失了追求成功的欲望和信心！"

没有自信，做任何事情都不能成功。一个获得了巨大成功的人，首先是因为他自信。自信有一种神奇的力量，它可以使不可能成为可能，使可能成为现实。

当然，自信不是盲目的乐观。这种盲目的乐观性、自信心主要是在别人夸大其词的赞美中养成的，令人飘飘然，但因为缺少实际能力而根基不牢，最容易在现实生活中饱受打击而失败。

自信也不是虚弱的骄傲。这种虚弱的骄傲式自信是建立在周围的人不如自己

的基础上的，一旦有人超过自己，而自己无法再保持领先地位，自信心便轰然倒塌。

所以，你要树立的自信心应该是那种最坚实的自信心。这种自信心来自我们勤奋努力过程中的成功体验，以及扎实的才能和学识。

所以，你不仅要勇敢地对自己说——我是最棒的，更应该用不懈的努力来证明你就是最棒的。

每天早上起床和晚上睡觉之前，你也要坚持对自己说"我是最棒的！"或者"我一定行！"每天至少对自己说三次，长期坚持下去，你就会拥有良好的心态，无论做什么事情，都会对自己充满信心。

**做一做**

**下面这些好方法教你建立自信：**

★无论是坐着还是站着，都要保持抬头挺胸。

★欣赏一些振奋人心的音乐。

★学会经常发现自己的优点和长处。

★不忘告诉自己"我一定可以"。

---

第**3**件事
我是最棒的

**记一记**

自卑的人，总是在自卑里埋没自己。记住——你在这个世界上是唯一的。

# 04

## 为父母过一次生日

WEI FU MU GUO YI CI SHENG RI

　　妈妈的生日快到了，玫宝老早就想着要靠自己买一件生日礼物给妈妈。拐角处商店橱窗里有一件特别的东西让他心动不已，但是，30元，太贵了，这对于从没有零用钱的玫宝来说很困难。

　　但是，玫宝没有放弃，他相信只要自己努力，没有不能克服的困难。于是，每天放学后，他总是一路跑着回家；写完作业，就悄悄地跑去周边的商场帮忙，赚取跑腿儿费；早晨他还会去送报纸。功夫不负有心人，一个月的工夫玫宝就悄

悄把钱攒够了，虽然这一个月过得很辛苦，但是想到妈妈的笑脸，玫宝觉得怎么算都值。

晚上，妈妈照例把一桌子的好菜夹给玫宝吃，冷不防地，玫宝突然说道："妈妈，生日快乐，这是我给您的生日礼物。"

妈妈愣了那么一下，随即看到那条红色的丝巾，就什么都明白了。笑声温馨地荡漾在这个家庭的每一个角落，窗外似乎都溢满了香甜。

每个人都期待着过生日时收获的礼物和快乐，扳着手指头算，盼着生日赶快到。那么爸爸、妈妈的生日你是否也同样重视？你是否会有所表示呢？

像玫宝一样，很多同学都能够记住爸爸、妈妈的生日，并且用心给他们过生日。他们有的用攒下来的零花钱给爸爸、妈妈买礼物，有的替爸爸、妈妈做家务。他们觉得给爸爸、妈妈过生日是一件快乐而自豪的事。

但是，还有一些同学就不是这样了。他们往往很清楚地算着自己的生日，满心希望在生日的时候能够收到爸爸、妈妈的礼物，却不会想到爸爸、妈妈也要过生日。他们坦然地享受着父母为自己创造的优越条件，哪怕这些优越条件的背后是父母辛苦的汗水，甚至是泪水。

面对父母给予的无私的爱，如果还只是以自我为中心，从来不主动关心父母的话，那么，他就永远是一个自私的人。自私的人永远体会不到世间爱的珍贵，并注定孤独。

所以，在你享受爸爸、妈妈给予的爱的时候，也别忘了，在他们生日的时候，认真地为他们准备一份礼物，要知道，他们也是需要关心和爱的。

　　只要是你用真诚的心去准备的，无论是什么样的礼物，一本书、一束花、一首歌等，都会深深地感动爸爸、妈妈。

**做一做**

★爸爸、妈妈下班回家，向他们说声："爸爸、妈妈辛苦了，请喝杯水。"

★父亲节、母亲节时记得回家拥抱爸爸、妈妈，并祝他们节日快乐。

★帮爸爸、妈妈做自己力所能及的事，让他们感觉到你的努力和对他们的关爱。

★和爸爸、妈妈有矛盾时，要理解爸爸、妈妈是为了自己好，然后主动地和他们谈心、聊天，解决问题。

**记一记**

母亲节是5月的第二个星期日，父亲节是6月的第三个星期日。记得在这样的日子里问候父母。

# 05

## 和小动物做好朋友

　　如果地球上的每个人都能亲近动物、热爱动物，和它们做朋友，多给它们一些爱心，那么，这个世界肯定会更和平、更温暖。

　　我家的小狗叫洋洋，它有乌溜溜的黑眼睛，圆圆的黑鼻子，一身雪白的长毛，高兴了还会吐出一截红红的舌头喘气，可爱得很，让人情不自禁想亲它。

　　在家里洋洋与我的感情最好了，每天傍晚，它总是准时守候在门口，等候我放学归来。而且，洋洋十分懂事。我学习的时候，它就不再与我嬉闹，而是温顺地趴在我的脚边，从来不弄出什么声音。每天早上，起床的时间一到，睡在我床边的洋洋就会将前爪搭在我的床边发出轻轻的呼唤，好像在说："懒鬼，快起床，要上学了！"因为有了洋洋这个准时的闹钟，我上学从来没有迟到过。

洋洋很聪明，它还会充当我们的调解员。有时候，因为一点儿小事，性急的妈妈会和爸爸拌嘴，争得面红耳赤，而我只能在旁边看着干着急，不知道该如何去劝说。这时候，洋洋会从房间里跑出来，发出轻轻的叫声，同时只靠两只后爪立起来，用前爪向爸爸妈妈作揖，好像在说："你们不要吵了，一家人要和睦相处！"妈妈看到此情景，忍不住先笑了出来，于是一场即将爆发的家庭战争被笑声化解了。

洋洋为我们全家带来了欢乐，它也教我们懂得了很多道理。

狗对朋友最忠诚了。一旦你与它成为朋友，它会全心全意为你服务，把你当成最好的朋友，不仅分享你的快乐，在你不开心的时候，它也会默默分担你的忧愁。

很多动物都有值得我们学习的地方。就拿动物的孝敬来说吧：骆驼长途跋涉后休息时，老骆驼不必自己梳洗，小骆驼会亲昵地为它舔毛，直到它满意为止；羚羊不敢慢待长者，群体休息时，只要有一只老羚羊站着，小辈们就不敢躺下；墨鱼的母鱼生下小墨鱼后，双目失明，小墨鱼便侍奉在它的左右，争先恐后地为它觅食，表达自己的孝心，直到它眼睛复明为止。

这些可爱的动物和我们人类拥有地球这个共同的家园。然而，现在地球上每天都有某种动物濒临灭绝。因为环境被破坏，因为我们人类的贪吃，世界上的动物正在不断减少。如果最后地球上只剩下我们人类，那么人类离毁灭的日子也就不远了。

生命对我们人类来说只有一次，对于自然界的动物来说也只有一次。为了大自然的和谐，为了我们人类，我们应该和动物友好地共同生活在地球上。

所以，我们从小开始就要做一个心地善良、富于同情心的人，不仅要爱我们的亲人、朋友，也要关心和爱护每一只小鸟、每一只小狗，让它们能够自由自在地生活，让我们的共同家园更加美丽温暖。

## 学一学

### 幼犬喂养小常识

★不要让幼犬有机会吞食鸡骨、猪骨或鱼骨，因为它们会滞留在幼犬的咽喉，碎裂为小块儿。如果这些骨头碎块儿一旦滑进体内，还会刺穿胃壁和肠道。

★不要让幼犬吃人们的剩菜剩饭，因为幼犬对营养的需求和人类不同，若用人类的剩菜剩饭喂狗，不但费时费事，而且爱犬很难摄取到充足均衡的营养，应以狗粮为幼犬的主食。

★每顿饭之间不要给幼犬零食吃，如果它服从其他训练，可以给它少许零食，以示鼓励。

## 记一记

你知道吗？狗鼻子一直都是湿湿的，因为它的鼻子里会一直分泌出分泌物，让鼻子保持湿润，这样才能使嗅觉更加灵敏。

# 06

## 拥有理想

　　有一黑一白两只相貌丑陋的小鸭子在苇塘边游玩。这时，天空中飞过一群美丽的天鹅，它们自由自在地在苇塘的上空盘旋了一会儿，又飞向远方。

　　黑鸭和白鸭痴痴地望着远去的天鹅。黑鸭羡慕地说："我要是也能像它们那样自由自在地飞翔，那该多好啊！"

　　白鸭听了，嘲笑它："你真是做梦啊！从来没有听说鸭子也能飞的！"

　　黑鸭不作声，不过它的心里却有了一个美好的梦想，并决心努力去实现这个梦想。

从此以后，黑鸭每天都要到苇塘旁边练习飞翔。它不停地练习，飞起来又跌下去，摔得遍体鳞伤。

白鸭吃饱了，就躲在草堆里睡觉。它对黑鸭说："别飞了！过来休息吧，像我这样，吃了就睡，多舒服啊！"

黑鸭没有理白鸭，它想，只要不断地努力，肯定能够实现飞翔的梦想！于是，它仍然每天风雨无阻地练习着。

终于有一天，黑鸭飞上了天空。它在天空中自由自在地飞翔着，看见了远处的高山、美丽的草原，还有一望无际的大海。

而白鸭的翅膀由于经常不用，早已经萎缩了。

美好的理想总是能够产生巨大的力量，促进人们去拼搏奋斗、不断前进。就像那只黑鸭一样，由于怀着美好的理想，不断去努力，终于能够在天空中自由自在地飞翔。

所以，我们每个人都应该为自己设计一个美好的理想。不管是什么理想，当你有了自己的理想的时候，认真地问问自己为什么吧。比如说，我的理想就是长大后成为一个出色的画家。为什么呢？因为我从小就喜欢画画，画画可以实现我的梦想，这是一件十分快乐的事情，所以我的理想是当一个出色的画家。

第**6**件事
拥有理想

## 记一记

十分重要的是，不要让孩子们去空谈崇高的理想，要让这些理想存在于幼小心灵的热情激荡之中，存在于激奋的情感和行动之中，存在于爱和恨、忠诚和不妥协的精神之中。

——苏霍姆林斯基

如果希望自己的美好理想能够实现，现在就要好好学习，提高各方面的素质和修养，打好坚实的基础，这样才能一步步向自己的目标迈进！还犹豫什么，赶紧为自己设计一个理想吧！

### 做一做

★要有理想，首先就要为自己选定一个目标，有了目标，我们的理想就有了前进的方向。

★目标可以是你在短期内能达到的，也可以是长期后能够实现的，但必须是经过努力可以实现的目标。

★有了目标，有了期望，还要有行动。理想再伟大，如果只谈不做也是没有意义的。

## 07

## 为自己种一棵树

WEI ZI JI ZHONG YI KE SHU

　　在很小的时候，他患了脊髓灰质炎，结果留下了瘸腿和参差不齐且凸出的牙齿，他为此而自卑，认为自己是这个世界上最不幸的孩子。上学后，他很少与同学们游戏和玩耍，老师叫他回答问题时，他也总是低着头一言不发。

　　春天来了，他的父亲从集市上买了些树苗，想把它们栽在院子里。他慢慢地走过去，发现一棵树苗没有叶子，沾满了泥土，而且又细又小。他很失望地想放弃，但当他抬起头时，看见了父亲鼓励的眼神："孩子，不要抛弃它，它是你的！"

他很勉强地种下这棵树苗。不知为什么，他萌生出一种阴冷的想法：希望自己栽的那棵树早日死去。因此浇过一两次水后，他再也没去答理它。

几天后，他去看自己种的那棵树时，惊奇地发现它不仅没有枯萎，而且还长出了几片新叶子。此刻，他心里突然升起一股希望：原来这棵小树苗也是有生命力的，幸好我没有放弃。从这以后，他天天给小树苗浇水，为了让小树苗长得更好，有时还要去挖淤泥当肥料。

一天天过去了，他已经把小树当成自己最知心的朋友，经常一边浇水一边向小树诉说各种各样的心事。他的小树长得越来越好，生机勃勃。

有一天，父亲看见他在浇水，就走过来说："这棵小树原来那么弱小，现在却长得这么好。你知道这是为什么吗？"

他骄傲地说："因为我天天照顾它！"

父亲点了点头说："对。因为你付出的心血比别人多，当然收获也比较多。更重要的是，这棵小树苗并没有因为自己弱小而放弃了生长，你说是吗？"

是啊，他想着，要是小树苗一开始就自暴自弃，那还能有今天吗？

他渐渐变得开朗，学习也更加努力了。每当遇到挫折的时候，他就对小树说："我相信你一定可以长成参天大树的。"

十几年之后，他回到故乡，此刻他已经是一个开创了自己事业的成功人士。而那棵树，也已经是生气勃勃的参天大树了。他望着树，开心地笑了。

其实，每个人小的时候都是一棵小树，只是有的健壮，有的弱小。很多人认为，只有健壮的小树才能长成参天大树。其实，看似弱小的小树也有非凡的力量，它有更强的信念，只要给它阳光，给它养料，凭着不屈的意志，它就可能长成一棵高大的参天大树，用它的枝繁叶茂回报人们。

我们也要种一棵小树，用爱心浇灌它，跟它一起听小鸟歌唱，跟它一起和风玩游戏，陪伴它经历风风雨雨，陪伴它一起成长。

第 **7** 件事

为自己种一棵树

## 听一听

小树小树，

你怎么那么小？

你有几岁了？

有多少鸟儿，

跟你一起玩过？

和你说过话？

那些穿礼服的歌唱家，

是从哪儿来的？

唱的都是什么歌？

小树小树，

告诉我吧，

告诉我所有的故事和童话。

## 学一学

### 多看树木对眼睛有好处

紧张的学习过后，倚在窗口眺望一下远处葱绿的树木，紧张的神经就会顿觉轻松，眼睛的疲劳也会很快消失，精力又变得充沛。原来多看树木对眼睛很有好处，这是为什么呢？

这要从颜色对人眼睛的作用说起。物体具有不同的颜色，这样可以使物体显得鲜明和美丽。而不同的颜色也会使人产生不同的情感。绿色就给人以凉爽和平静的感觉，使眼睛感到舒适。

此外，青草和树木还有吸收强光中的紫外线的作用，而紫外线对眼睛是有害的。因此，多看青草和树木既能减少紫外线对眼睛的伤害，同时，还能减少强光对眼睛产生的刺激，对眼睛是有保护作用的。

## 08

写一篇自己的童话

XIE YI PIAN ZI JI DE TONG HUA

　　我们最喜欢看童话故事了，神奇的童话陪伴我们度过了很多有意思的夜晚，也让我们明白了很多道理。可是，今天我们要自己来编一个故事，有信心吗？编一个什么样的故事呢？狼吃小羊的故事小朋友们一定都听过，那么，就让我们用另一则故事惩治一下那只狡猾的狼吧！

　　一个阳光明媚的中午，那只被狼吃掉的小羊的妹妹正独自在青青的山坡上吃草。这时，那只凶恶的狼又从树林里蹿了出来。

小羊妹妹一看见狼，就想起了死去的姐姐，它想："狼也太凶残了，可怜的姐姐就那样被它吃掉了，今天我一定要想个办法好好教训它，替姐姐报仇。"

　　这时，只见那只狼又装出一副可怜的样子，走过来对小羊妹妹说道："亲爱的小羊妹妹，你行行好吧！我实在是饿极了！你就为我作出点儿牺牲吧！"

　　听了狼这番毫不讲理的话，聪明的小羊妹妹并没有生气，而是不慌不忙地走上前去温和地说道："尊敬的狼先生，真是对不起，今天早上我碰到一只狼，它已经预订了我作为它的晚餐了。如果您也想拿我做晚餐的话，您只能去和它决斗，以胜负来决定我究竟做谁的食物啦。"

　　一听说自己马上到嘴的食物已经被别人抢了先，狼很生气，于是他立刻恶狠狠地说道："好！那你快带我去找它吧！"

　　于是，小羊妹妹就引狼来到了一口井边，然后装出害怕的样子说道："那只狼就在里面，它长得太可怕了，我不敢去叫它，还是你自己去看吧。"

　　狼听罢这番话，就伸长脖子往井里瞧，果然看到有一只狼，正恶狠狠地盯着自己呢。

　　"什么？你竟敢这样盯着我，看我不给你点儿厉害瞧瞧。"生气的狼于是立刻张开嘴巴，露出自己尖尖的牙齿，朝井里的狼狂叫起来。可是，井里的狼竟然毫不惧怕，它也张开大口，露出了尖尖的牙齿，冲着自己狂叫。狼更加气愤了，决定下去好好教训一下那个不知天高地厚的家伙。于是它使劲儿蹬了一下地，前脚一抬，后脚一用劲儿，就向井里那只狼猛扑过去。

只听"扑通"一声，狼掉进了井里，没过多久就被淹死了。就这样，聪明的小羊妹妹终于为自己的姐姐报了仇，她唱着歌高兴地回家去了。

　　我们自己编的故事怎么样？只要充分发挥想象力，认真去思考，生活中很多看起来很普通的东西和平常的事情，都可以变成童话故事的素材。

　　其实，这些充满了奇思妙想的故事就是爱幻想的小朋友们编出来的。如果你喜欢，也可以试试，相信你会编得更好的！

第**8**件事
写一篇自己的童话

### 记一记

安徒生是丹麦19世纪的童话作家，世界文学童话创始人。他的故乡是丹麦的欧登塞城。

**做一做**

★要充分发挥自己的想象力，平时可以做做思维练习，比如在脑子里想象自己的手指能长多长，可以一直长到冲入星空、冲破宇宙等等。经常做思维练习，还可以锻炼自己的空间拓展能力。

★写童话时要敢于冲破时间、空间的限制和生活常规的制约，把想象力延伸到别人不敢想或者想不到的领域，把故事的情节构置得简单而有趣。

★童话故事的语言要活泼、简洁、自然，不能干巴巴的，只有生动的语言才能刻画出生动的人物形象。

★童话故事也要注意有明确的主题，就是中心思想。写一篇童话故事想要表达什么想法，告诉大家一个什么道理都应该通过故事表达出来，尽力让人们在高兴的同时又受到教育。你可以多看看著名的童话故事都是怎么写的，可以先模仿写写，然后再来写自己的童话故事。

# 09

## 勇于承认错误

"丁零零……"上课铃响了，老师走上讲台，互相问好之后，大家坐下来，但是张永同学却依旧站着。老师点了一下头，示意他坐下。可张永仍然没有动，也没有说话，大家奇怪地望着他，探头一看，呀！不知是谁搞的恶作剧，在他椅子上滴了好多墨水。

老师走过来，看了看椅子，脸色都变了。他回到讲台，生气地大声问："这是谁干的？"大家吓了一跳，谁也没见过一向和蔼的老师这样生气。

　　这时，坐在张永旁边的一个男生慢慢地站了起来，几十双眼睛"刷"地投过去诧异的目光。难道是班长苏军？不会，他可是助人为乐的典范、老师的得力助手，他会干出这种事？大家都呆了，老师也惊讶得说不出话来。苏军低着头，怯生生地说："对不起，我刚才甩钢笔，不小心……我不是故意的。"说完，就离开座位，慢慢地走到张永的旁边，默默地掏出纸巾，弯下腰轻轻地擦去墨水。做完这一切，他向张永点了一下头，满脸歉意地说："对不起！"

　　这时，老师带头鼓起掌来，全班一时间掌声如雷！

　　面对同学的气愤、老师的发怒，苏军同学还是勇敢地站起来承认了自己的错误，并很自觉地处理了事情，因此博得了老师和同学的赞许，大家都很佩服他认错的勇气。

　　其实，一个人犯错是难免的。但是，如果我们为了一时的面子，或害怕受到惩罚而不去承认错误，那么错误就成了我们心里永远的伤疤，会折磨我们一辈子的。所以，为了不让错误留在心底，我们都

应该拿出承认错误的勇气来，相信所有的人都会为我们感到骄傲，并为我们鼓起掌来的。

达尔文曾经说过："任何改正都是进步。"能够真诚地说"对不起"的人，是敢于面对错误、不逃避责任、希望自己更加优秀的人。

知错能改，善莫大焉！勇敢地面对错误吧。这样做会让你更加优秀！

## 做一做

**如何勇敢地承认自己的错误呢？下面有一些简单的方法可以去尝试。**

★对待错误，不要有恐惧心理。

★善于接受来自他人的建议和批评。

★认错不可以停留在嘴上，还要想想如何改正。

第**9**件事

勇于承认错误

### 记一记

最好的好人，都是犯过错误的过来人。一个人往往因为有一点儿小小的缺点，将来会变得更好。

——莎士比亚

# 10

## 在自己生日那天，为父母做件事

ZAI ZI JI SHENG RI NA TIAN WEI FU MU ZUO JIAN SHI

　　这天，老师向同学们提出了一个问题："这几天有谁过生日了吗？"凯瑟琳和玛丽举起手来。

　　凯瑟琳生活在一个富裕的家庭，她的父亲是一个很有名的商人。她聪明美丽，闲暇的时候，她会用那双修长而优美的手弹奏钢琴。"我的手是最美丽的！"凯瑟琳常常这样自豪地说。

　　这时候，老师又问："凯瑟琳，你的生日是怎么过的呢？"

"我爸爸妈妈带我去游乐园玩儿，晚上我们在美丽的烛光下唱生日歌，爸爸送我一块美丽的手表，对，就是这个！"凯瑟琳得意扬扬地举起那只带着新手表的手。

老师点点头，又问玛丽："亲爱的，你又是怎么过的呢？哦，你的手怎么了？"

此刻，凯瑟琳看见玛丽举起的手又红又肿，她得意地想："玛丽的手看起来好粗糙啊！"

玛丽的脸红了，她轻声说："昨天是我的生日。妈妈身体不好，我就把所有的衣服都洗了！"

教室里静悄悄的。老师走到玛丽身旁，举起那双又红又肿的手，说："我想，玛丽过了一个最有意义的生日。玛丽的手是我们班上学生中最美丽的手。"

"但她的双手又红又硬，好像两把刷子。"凯瑟琳喊道，"怎么会是最美丽的手？"

"想知道原因吗？那让我来告诉你吧！"老师说，"你应该记得玛丽也曾有过一双和你一样光滑细嫩的手。但她的父亲去世了，她需要帮助她的母亲支撑家庭，每天她都很忙碌。她要生火做饭，做洗晒衣物等许多繁重的家务，她要用这双手去努力帮助自己穷困的母亲。她还用这双手为妹妹洗衣穿衣，有时候还为隔壁生病的小女孩儿洗头。她富有同情心，善良地对待有生命的动物。我曾看到她

**第10件事**

在自己生日那天，为父母做件事

用那双又红又硬的手在街上轻轻抚摩疲劳的马匹和受伤的野狗。现在你明白，为什么玛丽的手是最美丽的了吗？"

凯瑟琳不好意思地低下头。

老师又说："孩子们，记住，过生日的时候不要只是一味地索取，应该为爱着你们的人做点儿有意义的事情。"

过生日，难道就是等着爸爸妈妈准备精美的礼物，然后出去游玩一天吗？

当然不是了。爸爸妈妈为了生活而忙碌，已经太累了。所以，我们应该在生日这天，做一件有意义的事情，向他们证明："我已经长大了，请爸爸妈妈放心！"

那么，我们可以做哪些有意义的事情呢？在你生日的这一天，帮助妈妈做些力所能及的家务，在爸爸下班回家的时候，为他泡一杯清香的热茶，或者，给他们捶捶背，给他们讲一个故事……

**做一做**

你能不用想就说出爸爸妈妈的生日吗？如果你还不知道，现在就一定要问清楚，然后写在这里，牢牢记住。

★爸爸的生日是_____月_____日。

★妈妈的生日是_____月_____日。

第2章

学会信任

# 11

学会独立生活

XUE HUI DU LI SHENG HUO

当小燕子孵化出来，慢慢长出丰满的翅膀的时候，燕子妈妈就要开始教它飞翔的本领了。

今天和往常不一样，往常总是燕子妈妈将小虫叼到燕子窝里来喂，可是太阳都落山了，小燕子还没有吃晚餐。燕子妈妈嘴里叼着虫子，就在不远处飞翔。小燕子饿坏了，妈妈怎么还不给孩子吃虫子啊？

"来吧，孩子，试着飞过来。飞过来就可以吃到最美味的食物了。"

"可是，妈妈，我不敢，我不会飞啊！"小燕子害怕地说，"离地太高了，万一掉下去怎么办？"

"孩子，来吧！你能行，我也是这么学会飞的。你试着拍打翅膀，对，就是这样！"

"哎哟，我掉地上了，好疼啊！"小燕子趴在地上痛苦地说。

"没有摔伤，试着再飞起来，来吧，妈妈这里有吃的。"燕子妈妈鼓励着小燕子。

小燕子看着妈妈，还有勇敢的哥哥姐姐，终于拍着翅膀试着再飞起来了。

"太好了，你也成功了！"哥哥姐姐高兴地祝贺它。

小燕子终于学会了飞翔，有了自立的能力，能够自己去寻觅食物，不用妈妈整天喂它了。

试着想想，如果小燕子没有学会飞翔，不能自立，那么它如何养活自己？如何飞越高山、大海，在南方过冬天，在北方度夏天？

　　小燕子如此，更何况我们呢？从现在开始，不能再事事依赖父母，不管是在学习上还是生活上，遇到难题的时候，不能再让父母替代我们或者帮助我们完成。自己的事情要自己做，要学会自立。

　　只有这样，你才可以更好地掌握自立的本领，将来出外求学，走上社会，就不会依赖别人，甚至不能照顾自己了。

　　从现在开始，动手做我们力所能及的事情吧！

**做一做**

★自己的事自己做，不要养成依赖父母的习惯。有困难要尽力自己去解决，比如学习上碰到了拦路虎，你可以通过找老师和同学、自学等途径去解决。

★在家里多帮助父母做些事，从细节和习惯上培养自己独立处理问题的能力。

★多读书，增长见识，增加对自己的思考和了解，改正自己的缺点，增加对自己的信心，这样遇到事情时才不会慌乱而导致手足无措，才能做到从容应对。

第**11**件事
学会独立生活

**看一看**

西方国家的孩子一般自立能力很强，最晚18岁就会脱离家庭。而很多在读的学生会靠打工等方式赚取学费，而不是全部依赖父母。这种自立精神是值得我们学习的。

# 12

什么是真正的快乐？怎样才能找到快乐呢？快乐的秘密就是：看着别人快乐，自己也就快乐了！你快乐，所以我快乐！比如说，我们给朋友过生日，看着朋友满脸的幸福，我们也会很自然地跟着开心起来。所以我们应该多给别人快乐，这样我们就会拥有更多的快乐。

在一个居民房里，住着好几户人家，他们共用着楼道、厕所和厨房，因此打扫这些地方的卫生成了大家分内的事。明明的妈妈就是其中的一员，她经常主动地打扫楼道、厨房和厕所，还特意买了刷子、纸篓等东西，毫无怨言。

有一天，明明又看见妈妈在打扫那些地方，就对她说："妈妈，您真傻。自己掏钱买刷子、纸篓，让大家共用，还经常倒纸篓、扫楼道。这些别人都没干，您为什么那么积极呢？"妈妈微笑着对儿子说："为大家服务是应该的！"

第二天晚上，明明在家里写作业，写着写着钢笔没有墨水了。他在家里找了一会儿，发现墨水已经用完了。此时天色已晚，商店早就关门了，怎么办呢？作业还没写完呢！正好住在隔壁的李阿姨来串门，她发现了明明的难处，就赶紧把自己家里新买的墨水拿来给明明用。

这时妈妈故意对明明说：

妈妈，我的钢笔没有墨水了，可我的作业还没写完。

商店早就关门了，那可怎么办呢？

给！这是我们家新买的，你先用着。

几分钟后……

嗯？谢谢阿姨。

现在你知道人与人之间需要互相帮助了吧。

妈妈，我错了！

"这个李阿姨真是太傻了，将自家的墨水送给了别人，她能够得到什么好处呢？"听了妈妈的话，明明愣住了，似乎一下子明白了一个道理，忙说："妈妈，这不叫傻，这叫互相帮助。"

妈妈见明明明白了其中的道理，非常高兴，又接着说："明明，你说得对，李阿姨身体不是很好，刘叔叔工作忙，每天早出晚归，非常辛苦；王阿姨家有

**第12件事**
助人为乐

## 记一记

★助人为快乐之本。

★助人为乐是一种美德。

★助人要从日常小事做起，不因善小而不为。

★助人是人格升华的标志。

个一岁的孩子，每天都忙得不可开交；孙爷爷年纪大了，儿女都在外边，没人照顾。大家住在一块儿，就好比一家人，应该互相帮助，这样才能和睦相处。"

听了妈妈的话，明明惭愧地低下了头，红着脸说："妈妈，我错了。只有互相体谅、互相帮助，才能开开心心地在一起生活。"

只有处处为他人着想，真诚地帮助别人，让别人得到快乐，才能够在自己最需要帮助的时候得到关怀，并快乐度过每一天。

**读一读**

### 寓言故事

一头驮着沉重货物的驴，气喘吁吁地请求只驮了一点儿货物的马："帮我驮一点儿东西吧。对你来说，这不算什么；可对我来说，却可以减轻不少负担。"

马不高兴地回答："你凭什么让我帮你驮东西，我乐得轻松呢。"不久，驴累死了。主人将驴背上的所有货物全部放在马背上，马懊悔不已。

仔细读上面的寓言故事，想一想其中的道理。

# 13

## 爱护兄弟姐妹

兄弟姐妹就像天上飘落的雪花，本是互不相识的，但就是那么一阵缘分的风，把它们一起吹落于大地，化做了雪水永不分离。

姐姐在3岁的时候，家里多了一个叫弟弟的男孩儿，那个小家伙好像天生就是块讨她喜欢的料，别人抱着的时候总是哭个不停，轮到姐姐抱的时候就哈哈大笑。就是那么一个无邪而依赖的笑深深地印在了姐姐的心里，那时候姐姐最大的愿望就是有了钱的时候给弟弟买一串又长又大的糖葫芦，因为弟弟总是看着那个东西笑。姐姐5岁的时候，弟弟已经是整天哭着鼻子跟在姐姐的身后，拽着姐姐的

衣角，让姐姐给他买糖吃的"小尾巴"了。

　　姐姐15岁的时候离开了家乡，开始到城里打工，一是因为自己没有考上重点中学，二是因为弟弟的成绩非常优秀，她要攒钱供弟弟上大学。姐姐对自己作出的决定无怨无悔。

　　姐姐20岁的时候，并没有像村子里的其他女孩儿一样嫁人，因为那个夏天她的弟弟考上了重点大学，父母都是农民，无力供养一个大学生，姐姐要用自己的双手为弟弟支起那片求学的天空。

　　弟弟在3岁的时候，开始渐渐发觉世界上有一个对他特别好的叫姐姐的人，无论他要什么，姐姐都会设法为他办到。弟弟最喜欢吃糖葫芦了，为了满足弟弟的愿望，姐姐就把自己攒了许久的零花钱拿了出来。在弟弟尽情品尝那份甜蜜时，姐姐总是摇头笑着说自己不喜欢吃甜的东西。

　　弟弟12岁的时候，有一天，姐姐突然离开了家，那个晚上弟弟第一次因为姐姐哭了，并发誓永远也不理姐姐了。当姐姐从很远的地方往家里打第一个电话的时候，弟弟哭着问姐姐是不是又找到了一个比自己更乖的弟弟，姐姐哭着说自己开始想家，但是她不会回家，因为她要挣钱给弟弟读大学，让弟弟好好学习。从那个时候起，弟弟发誓一定要考上大学，因为那个时候，姐姐就可以回家了。

弟弟17岁的时候终于考上了大学，可是姐姐并没有回家，因为姐姐准备继续挣钱供弟弟念完大学。就在那个上大学的晚上，弟弟暗暗发誓，这辈子一定要对一个人好，那个人就是为了他牺牲青春年华的爱他的姐姐。

这个世界上，除了爸爸、妈妈，就只有兄弟姐妹与你最亲了。现在的独生子女越来越多，能够有兄弟姐妹更是难能可贵的事情。所以，我们一定要关心和爱护兄弟姐妹，与他们一起成长，一起生活。

第**13**件事
爱护兄弟姐妹

## 记一记

中国有名的宋氏三姐妹是哪三姐妹呢？她们就是大姐宋霭龄、二姐宋庆龄和小妹宋美龄。她们以其各自不同的金钱观、爱国观和权力信念与相应的影响力而闻名于中国历史。

### 学一学

**处理兄弟姐妹之间的关系时，最重要的就是要注意加强团结、彼此爱护、相互尊重三大问题。**

★加强团结，一要讲究宽厚，二要强调谦让。这是为了促进和兄弟姐妹之间的团结，对上无愧于长辈，对下无愧于晚辈。

★彼此爱护。兄弟姐妹之间的爱护，应该是无条件的、不图回报的，不仅仅是物质利益的支持方面，还包括精神情感的沟通方面。对于这种爱护，必须领情。特别是出于爱护的目的而进行的批评、指责，要勇于接受。

★相互尊重。兄弟姐妹之间说话也要注重礼仪，有时不当的言语给兄弟姐妹带来的影响会很大，因为作为亲人，他们是那么信任你。

# 14

## 信任你的老师

有一个女孩儿，一生下来就是兔唇，随着年龄的增长，她越来越发觉自己与众不同。一跨进校门，同学们就用异样的眼光看她。她认定自己的模样令人厌恶：畸形难看的嘴唇，弯曲的鼻子，倾斜的牙齿。她越来越肯定：除了家里人以外，不会再有人喜欢她、爱她了。

二年级时，学校来了一位姓金的老师，刚好教女孩儿所在的那个班级。金老师微胖，有一双清澈黑亮的眼睛，很爱笑，一笑起来，露出两个酒窝，温馨可爱。每个孩子都敬慕她，喜欢和她亲近，而女孩儿只敢远远地看着金老师，不敢有任何奢望。

一年一度的"耳语测验"来临了，女孩儿的左耳先天失聪，几乎听不见任何声音，不过女孩儿有办法对付这种"耳语测验"。早在幼儿园做游戏时，她就发现没人看你是否真正捂住了耳朵，他们只注意你重复的话对不对。所以每次她都假装用手盖紧耳朵。

这次，和往常一样，女孩儿又是最后一个。每个孩子都兴高采烈，因为他们的"耳语测验"作

得很好。女孩儿心想，老师会说什么呢？以前，老师们一般总是说"天空是蓝色的"或者"春天真美丽"等等。

终于轮到女孩儿了，她把左耳对着金老师，同时用右手紧紧捂住了右耳。然后，悄悄把右手抬起一点儿，这样就足以听清老师的话了。

这时，这位微胖、温馨可爱的老师轻轻说道："我希望你是我女儿！"

听到这短短的一句话，女孩儿忍不住泪如雨下……

想想看，在你的生活中是不是也有这样一位老师：他用好听的声音给你讲述神奇的故事；他对你谆谆教导，引用很多故事只为让你明白一个简单的道理；当你在困难面前打退堂鼓的时候，他站在旁边为你加油，眼中写满了鼓励的话语；当你感到自卑的时候，他轻轻地告诉大家，你身上有很多令人羡慕的优点。

没有一位老师不爱自己的学生，没有一位老师不希望自己的学生优秀。所以面对老师的教诲，我们要怀着感激的心情仔细聆听。当你遇到什么难解的事情的时

候，可以找老师谈心，详细地告诉他你的想法，他不仅是你的朋友，可以倾听你的心声，还是一位有智慧的长者，会给你指点迷津，让你找到全新的自我。

所以，找一个合适的机会，和老师谈谈心吧。

第**14**件事
信任你的老师

## 记一记

每年的9月10日就是教师节，它是所有老师的节日。要记得在这一天向你的老师表示问候！

做一做

**在学校如何尊重老师？试着按下面说的做一做。**

★上课认真听讲。不要在课上做任何违反课堂纪律的事，因为这样既是不尊重老师，也是不尊重自己。

★服从老师的安排。学校和老师对还没有成熟辨识力的学生而言有良好的约束作用，所以对老师的决定和安排应该要做到认真执行和服从。不能主观地认为老师做的不对就公然和老师对着干。

★主动学习。一个老师要管理数十名学生，是一件十分困难的事，要付出很多心血，没有一个教师是愿意放弃和嫌弃自己的学生的，所以你们应该主动地学习，为老师分忧解难。

★按时认真地完成作业。这是对老师工作最基本的支持，也是对自己学习情况最好的检验。

★尊重老师。每个老师都有自己的教学方法和管理方式，每个老师都有自己的爱好、脾气和处事方式，不能因为不喜欢老师的某一方面就不尊重老师，或者出言诋毁，或者公然反抗。

# 15

## 坚持写日记

这是一种乐趣，读一读过去的日记，能认识到自己成长了许多，能看到从前的自己是多么幼稚，现在的自己又是多么成熟。

2004年5月12日

早上量体温的时候，我一不小心把体温计给摔坏了。班里的体温计只剩下6支了，全班同学都要用，因为我的粗心大意摔断了一支，这不是给老师添了许多麻烦吗？周围的同学也大吃一惊，都转过头来看着我。我在众目睽睽之下默默地捡起碎片扔进垃圾箱。当我把目光转向老师，准备挨一顿训的时候，王老师却给了我一个甜甜的微笑，投来询问、关切的目光，似乎在说："不要紧……"

虽然老师没说什么，同学们也继续上课了，但我的心情依然很沉重，耷拉着脑袋。我的粗心给老师和同学带来了麻烦，我不能原谅自己！

我并不在乎那几块钱，重要的是我那粗心的坏毛病什么时候才能改掉！

2004年9月12日

刚才翻看了上学期写的一些日记，哈哈，挺有趣的，仿佛看见了上学期那个调皮的、傻傻的我。

看，那次因为我的粗心大意把班里的体温计摔坏了，虽然老师和同学们没有说什么，但当时我的心情非常沮丧。不过呢，后来我在老爸的帮助之下，渐渐改掉了粗心大意的毛病。现在考试的时候，再也不会因为粗心大意而白白丢分了，真的很感谢老爸。

老爸今天又加班了，最近他特别忙。看来我以前的想法也有点儿偏颇，大人并不是那么自由的，他们的责任可大了。

日记是我们最忠实的朋友，无论你感到多么气愤、高兴、害怕或困惑，它是你唯一能够毫无保留地表露内心的地方。你可以在日记中倾诉任何心事，它只会静静地坐在那里倾听，不搭一句话，而且也不会在你背后说坏话。

就像上文日记中的"我"一样，写日记还能更加清楚地认识自己。当然，刚开始写日记的时候会碰到很多问题。比如，面对摊开的新一页，该如何下笔呢？每天都要面对很多人，熟悉的、陌生的，哪一个让你有所感触呢？每时每刻都有不同的情绪在你心里，哪一种又是你认为应该捕捉的呢？快乐的、忧伤的、矛盾的、激动的，该如何去描述呢？

所以，我们要学会留心观察生活。学校的生活丰富多彩，每天接触家长、老师和同学，对我们有影响的人和事一定不少，只要我们善于注意身边的一切，就一定能记录下有意义的人和事，写出自己心灵深处的体验。

我们还要善于抓住生活的"触点"。留心观察生活，并不是要把所遇到的人和事都写下来，而是要从每天经历的众多的人和事中选出自己感触最深的一点或几点来写。

只要我们坚持写下去，从刚开始的十几个字到几百个字，记录下童年精彩的点点滴滴，不知不觉间，我们的写作能力就提高了，而我们也长大了许多。

第**15**件事
坚持写日记

## 看一看

如何才能长久保存书籍呢？在通风良好的房间里，把书直立存放。在书架上放一些防腐剂，一年把书籍拿出去晒一次。这样才不会长书虫。

### 学一学

**小学生如何写好日记呢？**

★日记的内容一般都是发生在当天的事情，所以写日记要当天的事情当天记，切勿"三天打鱼，两天晒网"。

★日记写法自由。你可以根据记录的内容、喜好来安排它的格式和风格。

★虽然日记写法比较自由，但是也有一个基本的格式需要遵照，比如日记一般需要用第一人称来写。而且无论篇幅长短、事情多少，都记录"我"在一天里的所见、所闻、所感。另外，一般会在第一行写清年、月、日、星期，还可以写上当天的天气情况，其位置可以居中，也可以偏左或偏右。然后另起一行再写正文，有时还可以加个标题，以点明当天日记的主要内容。

# 16

BU WEI TIAO ZHAN YONG GAN CHANG SHI

## 不畏挑战，勇敢尝试

　　小马渐渐长大了，它从来没有出过远门。这天，妈妈有事要办，但一时走不开，于是请小马帮自己送一封信。小马拿着信高高兴兴出门了，在穿过森林深处的时候突然一条河挡住了它的去路。小马犹豫了，不知道这河水是浅还是深，如果妈妈在身边就好了。

　　可是它没有看到妈妈的影子，只好去问曾经渡过河的人。但是小松鼠说河水很深，深得淹死过自己的同伴，老牛伯伯却说很浅，浅得只到自己的小腿。

小河里的水到底是深还是浅呢，小马没有主意了。"唉！还是回家去问问妈妈吧。"小马甩了甩尾巴，又往家里跑去。

妈妈看见小马回来了，奇怪地问："咦！你怎么又回来了呢？"

小马很难为情地说："河里的水很深，过……过不去。"

妈妈说："怎么会很深呢？昨天小驴叔叔还到河那边驮了好几趟柴呢。它说河水只到它肚子那儿，很浅。"

"我不敢试，小松鼠说它有一个同伴就被河水冲走了。"

妈妈笑了，说："凡事要自己试一试才知道真正的答案啊！你仔细想想看：牛伯伯有多高多大，小松鼠又有多高多大；你再把小松鼠和你自己比一比，你有多高多大，小松鼠又有多高多大，你就知道能不能过河了。"

小马听了妈妈的话，高兴地跳起来。它说："明白了，明白了，河里水不深，我过得去。唉！我刚才怎么就不好好想想，勇敢地试一下呢？"

小马说着，就连蹦带跳地朝河边跑去。小马一口气跑到河边，用前脚试了试水，然后勇敢地走进河里，河水刚好到它的膝盖，既不像老牛伯伯说的那么浅，也不像小松鼠说的那么深。

经过这一次过河事件后，相信小马会成熟起来，不会再什么事情都依赖妈妈了，遇到新事物或什么困难的时候，也会勇敢地去试一试。

是啊，还有很多人在面临问题的时候，首先想到的不是想办法试一试，而是

逃避问题，自欺欺人地掉头逃跑。这样的人是永远不会有什么收获的。

一个害怕任何意外而什么也不敢尝试去做的人，到头来，什么也没有，什么也不是。他们逃避了痛苦，但他们也同时逃避了学习、改变、感受、成长。

在学习和生活中，很多人虽然也知道好多事情不能躲避，必须坚强面对，但还会在心底存留着那种逃避和寻求帮助的想法。

其实，困难也是欺软怕硬的，你强它就弱，你弱它就强。在我们成长的道路上，困难和挑战无处不在、无时不有。只有那些勇于迎战困难的人，才有战胜困难、夺取成功的希望。而那些蜷缩在温室中、保护伞下的人注定要在困难面前崩溃，不能够成功。

## 第16件事
### 不畏挑战，勇敢尝试

### 记一记

珠穆朗玛峰海拔8844.43米，被誉为"世界之巅"。但就是这样一座最高峰，还是被征服了，越来越多的登山者都成功地爬到了它的顶峰，成为站在世界之巅的人。

**读一读**

**你应该知道的：**

★ 有了困难，不要怕！困难是欺软怕硬的，你强它就弱，你弱它便强。无论何时遇到什么困难，你都应该相信自己一定可以克服；如果自己实在解决不了，还可以寻求帮助。

★ 失败了，不要悔恨！谁能不遇到挫折呢？遇到挫折是很正常的事情，但关键是不能长期沉溺在悔恨和遗憾里，我们应该从中吸取教训，争取弥补因此带来的不好的后果，一味自责是心理不健康的表现。

★ 面对挑战要勇敢试一试，做事要有计划性，你可以设计一个日计划表或周计划表，每天都要做完当天的事情，相信你会愈战愈勇的。

# 17

做一个珍惜时间的人

　　山脚下有一堵石崖，崖上有一道缝，寒号鸟就把这道缝当做自己的窝。石崖前面有一条河，河边有一棵大杨树，杨树上住着喜鹊。寒号鸟和喜鹊面对面住着，成了邻居。

　　几阵秋风，树叶落尽，冬天快要到了。

　　天气晴朗的时候，喜鹊就一早飞出去，衔回一些枯枝，忙着垒窝，准备过冬。而寒号鸟却整天飞出去玩儿，累了就回来睡觉。喜鹊说："寒号鸟，别睡觉

了，天气这么好，赶快垒窝吧。"
寒号鸟不听劝告，躺在崖缝里对喜
鹊说："你不要吵，太阳这么好，
正好睡觉。"

冬天说到就到了，寒风"呼
呼"地刮着。喜鹊住在温暖的窝
里，寒号鸟却在崖缝里冻得直哆
嗦，悲哀地叫着："哆啰啰，哆啰啰，寒风冻死我，明天就垒窝。"

第二天清早，风停了，太阳暖烘烘的。喜鹊又对寒号鸟说："趁着天气好，
赶快垒窝吧。"寒号鸟说："明天再说吧！这么好的天气，不睡觉太可惜了！"
说着伸伸懒腰，又睡觉了。

转眼间，到了寒冬腊月，大雪纷飞，北风像狮子一样狂吼，河里的水都结了
冰，崖缝里冷得像冰窖。就在这寒冷的夜里，喜鹊在温暖的窝里熟睡，寒号鸟却
在崖缝里发出最后的哀号："哆啰啰，哆啰啰，寒风冻死我，明天就垒窝。"

天终于亮了，阳光普照大地。喜鹊在枝头呼唤邻居寒号鸟。可是，不肯抓紧
时间垒窝的寒号鸟已经在半夜里被冻死了。

明日复明日，寒号鸟终于为它的懒惰丢掉了性命。

有时候，我们也像寒号鸟那样，白白地浪费了许多时间。可是当我们为错过

的太阳叹息时，连晚上的星星也错过了。所以，哀叹也是没有用的，错过就错过了，从现在开始我们不要再浪费时间，要珍惜每一分钟！

珍惜现在的时间，就要改掉那种拖沓的毛病，养成立即行动的习惯。那些懒惰的人最喜欢给自己找借口，他们最重要的特征之一就是拖沓，把今天的事情拖到明天，明天的事情又拖到后天，可能还要一直拖下去。这种错过太阳又错过星星的习惯，会消磨人的意志，使人怀疑自己的行为、毅力和目标。

所以，让我们现在就行动起来，好好珍惜每一分钟吧。

## 第**17**件事
### 做一个珍惜时间的人

### 记一记

时间，每天得到的都是24小时，可是一天的时间给勤勉的人带来智慧与力量，给懒散的人只能留下一片悔恨。

——鲁迅

### ✋做一做

#### 为什么阳历2月只有28天？

公历也就是阳历，也叫太阳历，它是以地球绕日一周作为一年的历法，起源于公元前46年的古罗马。当时古罗马的最高统治者恺撒颁布的历法中规定一年为12个月，单月为大月，31天，双月为小月，30天。这样2月就应该是30天。但是2月是古罗马处决死刑犯的日子，所以这个不愉快的月份就减去一天，变成平年29天，闰年30天。恺撒去世后，他的侄子屋大维继位，他认为自己出生在8月是个小月，有失尊严，又从2月里拿出一天加在8月里，把8月以后的双月改成大月。这样2月份就成了平年28天，闰年29天，而8月和7月一样都成为大月，有31天。

# 18

## 欣赏、赞美朋友

XIN SHANG ZAN MEI PENG YOU

　　在这个世界上，没有十全十美的人，所以在我们自己以及朋友的身上，可能也存在一些缺点。但是，瑕不掩瑜，我们要学会从整体上看待一个人，欣赏并学习他的优点，对于那些小缺点，要帮助他改正，并告诫自己也不能有这些缺点。

　　花园里种着各式各样的花朵，在春天温柔的和风里，大家纷纷展示自己的美丽。玫瑰开起红色的花朵，散发出一阵阵扑鼻的清香，使得其他花朵都为它的娇艳所倾倒，暗暗自叹不如。

　　种在玫瑰旁边的鸡冠花，长得瘦瘦长长的，头顶上的花朵像鸡冠一样鲜红。当它看见玫瑰绽放出高贵迷人的花朵，觉得自己真是不好看。于是它带着既羞怯又羡慕的口吻对玫瑰花说："玫瑰啊！你的花朵真漂亮，简直就是花园里的皇后！每个人看到你都忍不住要停下来，欣赏你那柔媚的姿态。即使是神，也会被你的美丽吸引。我虽然长得不好看，但我会永远祝福你美丽、芬芳。"

　　玫瑰听到鸡冠花对它深深的赞美，心里十分高兴。可是它却不骄傲，因为玫瑰知道自己也有缺点，于是玫瑰说："鸡冠花，谢谢你的称赞，我的外表虽然美丽，但是能够维持的时间却不长。只要风吹大一点儿、雨下多一点儿，我的花瓣很快就会凋落。即使没有刮风下雨，没有人来攀折，花朵也是很快就枯萎了。不像你，无论刮风下雨，都开着花朵，看起来一直很健康、年轻。"

懂得欣赏别人的鸡冠花与谦虚的玫瑰从此成为无话不谈的好朋友，花园也更加美丽了。

鸡冠花用真诚的语言欣赏和赞美玫瑰花，被它感动的玫瑰花也谦虚地说出了鸡冠花的优点。你看，懂得谦虚并欣赏别人，一点儿也不会让自己为难，反而让朋友间的友情更加坚固了。

我们是不是也应该学学鸡冠花和玫瑰，用欣赏的眼光看待我们的朋友呢？

### 做一做

**如何恰当地赞美别人呢？**

★要真诚，不真诚的赞美别人是可以感觉出来的，要真诚地以一种欣赏的眼光赞美他人，不可虚伪。

★对于别人身上的优点要怀着学习和赞赏的眼光来看待，不能因嫉妒的心理而抱怨、中伤对方。

★千万别吝啬赞美的词汇，比如"真棒"、"很好"等等。要大声说出你的感受，让对方知道你在欣赏他。

第**18**件事
欣赏、赞美朋友

### 记一记

真诚的赞美对人对己都有重要的意义。
——佚名

## 19

REN ZHEN XI ZHI DI ZUO SHI

# 认真细致地做事

在我们的学习和生活中往往有一些小事情、小危险、小障碍、小错误，因为我们没有认真地对待，存在侥幸心理，而给我们的学习和生活造成了极大的损失。

劳拉是一个漂亮的小姑娘，但是却有一个难听的外号，她的朋友都叫她"粗心的劳拉"。因为她总是丢三落四，经常把东西到处乱放。这让劳拉的妈妈很头疼，不得不每次都帮她收拾。妈妈提醒劳拉，这样粗心大意会造成不好的后果。

但劳拉总是当成耳旁风，尽管她也不喜欢朋友们这么称呼她，但还是觉得也没什么，甚至粗心大意的毛病越来越严重。

一天，劳拉正在花园里浇花，她的好朋友玛丽来找她："劳拉，我的堂弟想看看我的画册。"

"哦！我知道了，玛丽你等一下，我马上拿给你！"劳拉有些担心地说。如果真的弄丢了，玛丽一定会生气的。

但是当劳拉和玛丽来到了她的房间，看到的却是她的宠物小狗正将画册咬得稀烂……

"哦，我的天，劳拉，看看你都做了什么？"玛丽生气地喊道，"那可是姑姑送我的生日礼物。"

"对不起，我不是故意的。"劳拉愧疚地说，但是玛丽没有再说话，哭着离开了。

"我希望从今以后，你能够吸取这个教训，把你的东西都放在合适的地方。"妈妈认真地对劳拉说道。

因为粗心大意而犯下的错误，既伤害了别人，也伤害了自己。任何一个小小的疏忽，都可能引致大错，而且，这一过错将是无可挽回的损失。智者说，避免一切小小的失误，就能减少巨大的意外挫折。

在学习和生活中，我们也应该严格要求自己，不要忽略任何一个标点符号的作用，不要轻视小数点的位置，做任何事情都要认真，不要粗心大意。

第**19**件事

认真细致地做事

## 记一记

　　凡事都要脚踏实地去做，不驰于空想，不骛于虚声，而惟以求真的态度做踏实的功夫。以此态度求学，则真理可明；以此态度做事，则功业可就。

——李大钊

 **做一做**

以下这三种习惯能帮助你克服粗心大意：

★培养物归原主的习惯。

★培养随时整理自己物品的习惯。

★培养细心、认真观察的习惯。

## 20

不要临时抱佛脚

秋天快到了，一群蚂蚁在花园里忙碌地工作，一只接着一只，同心协力地把附近的饼干屑或是死掉的小虫子搬回洞里，准备储藏丰富的粮食好过冬。

这时，一只没事做的苍蝇正好飞过这座花园，看到蚂蚁认真工作的样子，它觉得很有趣，就飞到队伍上方嗡嗡叫道："喂！蚂蚁弟兄们！看你们一副紧张、认真的模样，实在滑稽又愚蠢，让我忍不住想笑。"

蚂蚁听到苍蝇对自己的嘲笑，就说："我觉得你才真正愚蠢。"

于是苍蝇和蚂蚁为了谁聪明、谁愚蠢的问题起了争执。苍蝇一向就爱说话，所以抢先发言："我是最聪明的，不管做什么事情我都比你高一等：只要任何地方有好吃的东西，我总是能第一个飞上去吃它一口。而这些事情你一样也办不到，所以你才是愚蠢的。"

蚂蚁听了苍蝇的话，很不以为然地说："你只是一只人见人厌的苍蝇罢了！现在你没事做，整天四处玩耍，可是一到了冬天，你就会又冷又饿。所以比起你来，我可聪明多了!"

苍蝇听了，灰溜溜地飞走了。

在考试之前看看那些临时抱佛脚、急得团团转的同学，就知道蚂蚁先生说的还真有道理。这些人平时看电视、玩游戏，到处去玩儿，把应该当天复习的功课一拖再拖，作业也是丢三落四。到了快考试的时候，他们着急了，到处借笔记。害怕时间不够，于是晚上"开夜车"，白天又无精打采的，听课效率很差。结果上了考场，看着试卷，大脑里一片空白，考试成绩一塌糊涂。

那些像蚂蚁一样平时就十分努力的同学就不同了。他们每天都会认真完成学习计划，到了考试的时候，该掌握的东西已经十分熟悉了，只要稍微再复习一下，就可以轻轻松松考出好成绩。

所以，如果平时多努力学习，考试

凌晨两点了……
还有这么多没看？
大家准备好，考试开始！
好困啊！！！
真丢脸啊！

的时候就不用临时抱佛脚了。要做到这一点，应该改掉懒散和贪玩的习惯。

　　如果作业还没有完成，即使有再好看的电视节目，也要克制自己的欲望。如果还没有完成今天的学习计划，就不要找借口休息，无论怎样都要想办法完成计划。刚开始可能会有点儿困难，但只要坚持下去，养成一种习惯后，就会取得很好的效果，以后再也不用临时抱佛脚了。

第**20**件事
不要临时抱佛脚

## 读一读

不同的年龄段需要的睡眠时间不同。一般来说，5岁到10岁的儿童晚上需要睡10~12个小时，年龄稍大一点儿的需要8~10个小时，而且中午最好小憩一下。千万不要熬夜，不然第二天一定会昏昏沉沉，提不起精神。

## 做一做

★学习要有目标。"凡事预则立"，如果能够这样坚持，那么即使是突然的临考，你也会有充足的准备了。

★学习要有计划。有了目标，还应当制订具体的实行计划，否则就是空谈。

★学习要持之以恒。牢记这句话："只要天天坚持做，最终一定有成绩！"

★随机应变。计划执行到一定阶段后，我们应当检查一下学习效果如何，以便及时调整计划，使计划更加切实可行。我们要做计划的支配者，而不能做计划的奴隶。

第3章

学会诚实

## 21

### 克服自己的坏习惯

KE FU ZIJI DE HUAI XI GUAN

习惯犹如一把双刃剑，好习惯可以提高人们学习、生活的质量和效率，而坏习惯则会危害身体健康，对我们的正常生活产生不良影响。尽量养成好习惯，摒弃坏习惯，会对自己的一生大有裨益。

有一个牧师认识一位年轻聪明的朋友。这位朋友身上具有一切足以取得成功的必要条件。牧师和他的朋友无话不谈，他们一起度过了很多欢乐的时光。

但是经过一段时间的交往，牧师发现，他的这位朋友有一个很不好的习惯，那就是经常大量饮酒。

有一天，牧师特意来找这位朋友聊天，想劝他以后把这个不好的习惯改掉。这位朋友说自己的心脏有些毛病，他知道牧师懂得医术，曾经帮助一些心脏有病的人恢复健康，所以希望牧师也能给他一些有用的建议。

牧师认真地检查了这位朋友的情况，发现他的心脏跳动情况不正常。于是牧师作出进一步判断，认为这位朋友的心脏病是由大量饮酒引起的。牧师将自己的看法告诉了这位朋友。

这位朋友说："我的医生也告诉我这一点了，但我想他错了。"

"你自己又不懂医学知识，为什么说医生的判断是错误的？"牧师问。

"噢，算了，反正医生已经开了很多药了，我相信这些药会让我好起

来的。走吧，朋友，不说这些了，咱们喝一杯去!"这位朋友对牧师说。

牧师说："我想，你正向灾难走去!不用多久，说不定很快，如果你还不改掉喝酒的坏习惯的话，你就真的会有大麻烦了。"

这位朋友很不高兴地说："你真啰唆，和医生一样讨厌!"说着自己一个人去喝酒了。牧师很无奈地摇摇头。

果不其然，两个月后，牧师参加了这位朋友的葬礼。

每个人都有很多的习惯，有好有坏。如果是好习惯的话，就应该继续保持;

**第21件事**
**克服自己的坏习惯**

**记一记**

一个人如果每年根除一种恶习，那么他用不了多久就会成为十全十美的人。

——托马斯

如果是坏习惯的话，就应该彻底改掉！像牧师的朋友那样顽固不化、一错到底的人，最终会害了自己。

当然，习惯的养成，并非一朝一夕之事；要想改掉某种不良习惯，也不可以一蹴而就。有关专家研究发现，一般人要想改掉一个旧习惯，都需要一段较长的时间。所以你必须给自己一段时间来改掉你的坏习惯，如做事拖沓、不拘小节等等，然后以更好的方式取而代之。

从现在开始，把自己的坏习惯详细写下来，制订一个克服它的计划，争取改掉它。

**做一做**

现在拿出纸和笔，列出自己的坏习惯清单，然后一点一点地改正。

★我的坏习惯有：

_____

_____

_____

★我的克服计划是：

_____

_____

_____

# 22

## 培养竞争意识

　　有一些人认为，当学生干部只是为同学、老师跑跑腿儿，浪费时间和精力，会影响学习。

　　其实，社会需要的不是只会读书和考试的小书呆子，而应该是朝气蓬勃、立志管理国家、建设国家的各种人才。

　　今天，我们班要举行一场竞选班干部的活动，大家都纷纷要求参加。我也不甘示弱，早就瞄准了副班长之职，我觉得自己完全有能力当好副班长，在学好功课的同时，可以为同学们服务。这几天我已经准备好了竞选演讲稿，在家读了一遍又一遍，一直读到流利、有感情后才肯罢休。

下午第二节课，我既紧张又兴奋，神圣的时刻终于来了！

"有人竞选班长吗？"李老师亲切地问道。只见王刚胸有成竹地走上讲台，开始了他的竞选演说。接着小雨、李达、耿风等同学相继走上讲台。他们的演讲很精彩，最主要的是他们充满了自信。我在心里暗暗为自己打气。

"谁竞选副班长？"李老师终于问到我竞选的职位了。

听到这句话，我鼓足了勇气，不慌不忙地走上讲台，开始了演讲。我的话语抑扬顿挫，如行云流水，当我演讲完时，同学们都报以持久热烈的掌声。

紧张的投票时刻来到了，我看了看其他参加竞选的同学。只见有的同学好像稳操胜券，一脸的自信，而有的同学紧张得满脸通红，我心里犹如十五只吊桶打水——七上八下，焦急地等待着、盼望着。

快到我了，快到我了，我的心怦怦直跳，简直要跳出嗓子眼儿。"徐雷，38票。"我的心终于像石头落了地，我不停地在心里为自己欢呼："太棒了，徐雷！"

竞选结束了，我赢得了老师和同学们的信任，顺利当上了副班长，开始了我为同学们服务的当"官"生涯。从此我牢记：机会对于每个人来说都是平等的，只有善于抓住机会，不断锻炼自己的人，才会获得成功。

很多同学和徐雷一样，也是通过自我推荐并在层层选拔和众多竞争者中脱颖而出当选为学生干部的，与一般的同学相比，他们更有自信。因为学生干部的工作为他们创设了显示才能的各种机会，让他们初步尝到了成功的喜悦，以更自信的态度迎接各种挑战。

所以，我们要勇敢地向同学和老师推荐自己，参加学生干部竞选活动，向大家展示自己的才能。抓住每一次锻炼的机会，让自己一步步地成熟起来。

## 第**22**件事
### 培养竞争意识

### 记一记

"毛遂自荐"的故事源自《史记·平原君列传》。它讲述了古人毛遂自我推荐，说服楚王攻打秦国的故事。你记住了吗？

### 想一想

有人送给小南一个大大的蚕茧，说过几天将化出一只美丽的蝴蝶来。过了两天，果然茧的一头出现一个很小的洞口，一只蝴蝶的头在挣扎着往外挤。小南看它挺为难，便拿出一把剪刀帮它剪了一个小口。可是，这样"破茧而出"的却不是美丽的花蝴蝶，而是一个臃肿、翅膀短小、一点儿也不美丽，也不能飞的小虫子。

原来一只蝴蝶的美丽，是要经过破茧的痛苦才能换得的。

认真读一下这个故事，想想和竞争意识有什么相似之处。

# 23

早睡早起

清晨6点钟，闹钟的铃声划破了黎明的宁静，睡梦中的明明醒过来，伸手关掉闹钟后，翻个身，继续睡觉。

这时，妈妈的喊叫声突然响起："明明，赶快起床！约好今天早起要跟着爸爸一起去公园晨练的，不是吗？"

明明像没听到似的，翻了个身，继续睡。快要进入梦乡时，妈妈摇醒了他。明明实在是不想起来，可是妈妈又突然大声喊着："赶快起来啊！"

"再5分钟，只要再睡5分钟就好啦！"明明像虾米一样把身体缩成一团，拉回

被妈妈掀开的被子。

但妈妈似乎没有要放弃的意思。"你昨天已经约了爸爸早上一起去运动的，不可以不守信用！"妈妈说着又把被子掀起来。

明明只好很无奈地起床，换上妈妈准备好的运动服。和早就起床的爸爸一起去公园锻炼。虽然还是天色朦胧的黎明，但已经有很多人在公园里边锻炼了。在人群当中，明明发现一个非常熟悉的面孔，原来是隔壁班里的耿星。意外碰面的两个人都很高兴，聊了半天，然后又一起运动。

回去的路上，爸爸问明明："刚才那个是你同学吗？"

"对啊，他是隔壁班的班长。"

"那个孩子应该学习很好。"

"哦!爸爸你怎么那么了解呢？"明明惊讶地问。

"这个孩子每天清晨都来这里运动，精神抖擞地向人打招呼，又有一双清澈的眼睛……这孩子肯定很聪明。"

"爸爸，以后我也天天来！"明明说。

"那好啊，养成早睡早起的习惯，我保证那些瞌睡虫不会再来纠缠你！"爸

爸笑着说。

早上的空气很新鲜，周围也比较安静，而且心情很好，所以精神状态最好。在这种情况下学习，肯定能收到事半功倍的效果。

晚上就不一样了。经过一天的学习和活动，此时身体和精神都比较疲倦，如果再加上熬夜，就更加疲惫了。在这样的状态下学习，往往是事倍功半。更严重的是，如果熬夜，第二天上课的时候就会打瞌睡，不能好好听课。

所以养成早睡早起的习惯，能保证充足的睡眠，告别瞌睡虫，轻轻松松学习，何乐而不为？

如果已经有熬夜和睡懒觉的习惯，那么从现在开始，一定要改掉这个不良习惯。

**第23件事**
早睡早起

**想一想**

人为什么会打哈欠呢？这是大脑在向我们发出警告，在告诉我们神经已经变得迟钝，需要休息了。而且，哈欠是会传染的哦。

**读一读**

**如何才能早睡呢？科学家提出了以下几个方法：**

★白天睡觉不宜超过一小时，也不宜在下午四点钟以后睡觉，否则到了晚上就没有困倦感。

★晚上少喝水，饮水过多会使整个夜晚上厕所次数增多，从而影响睡眠。

★床只用来睡觉，不要在床上看电视、吃东西、看书或玩耍。如果上床15分钟后仍不能入睡，干脆下床来读一读书。

★尝试一下放松的方法，有很多种放松方法可供你选择，如肌肉放松法、功能反馈疗法、瑜伽等。

★每天早晨在同一时间起床，以便使你形成固定的睡眠规律。

# 24

## 体验一次农村生活

　　有一位老师问学生："你们知道鸡蛋是从哪里来的吗？"学生们面面相觑，不知怎么回答。过了一会儿，有一位学生用犹疑的口吻说："好像是从冰箱里边出来的。因为我经常看见妈妈从冰箱里边拿鸡蛋。"

　　你是不是也闹过这样的笑话，在生活中这样的例子还真不少。生活在城市里的孩子，因为很少有机会接触农村生活，所以缺少一些常识，也不能体会劳动的艰辛。因此，久居城市的人，还真的有必要去体验一下真正的农村生活。

这个暑假，我在乡下姑姑的家里住了一段时间。在那里，我见识了很多新鲜的东西，体验到了以前从未接触过的生活。

7月25日

清晨5点半，天刚蒙蒙亮，我听见公鸡的啼叫，赶紧从床上爬起来。我来到厨房一看，姑姑和姑父已经在忙碌地和面了。我也撸起了袖子，在姑姑的指导下，用擀面杖将面团压成圆形，并用刷子在上面刷上糖浆。随后面饼被送进烤箱进行烤制。

到了8点半多，我们把200多个热气腾腾的麻饼装在食品筐里，并用小车拉到集市上。

姑父笑着对我说："今天让你当一回老板，怎么样？"我兴奋地点点头。一开始，我有点儿害羞地看着来往的过客。姑父在旁边笑眯眯地鼓励我。后来我终于鼓足了勇气大声喊出第一句："卖麻饼了！5毛一个。"

姑父说："好！再大声点儿！"

我又喊了第二句，第三句……不一会儿，便有顾客三三两两地来光顾我们的麻饼摊。到了10点多的时候，我们的麻饼已经全部卖完了。我捧着第一次赚到的钱，十分激动。姑父说："你这个小老板当得真不错！"

明天爸爸就要来接我回去了，我感到了依依不舍。不过，我已经和姑姑约好了："明年的这个时候，我还会来！"

利用节假日，可以去农村的亲戚家住几天，见识一切让你新奇的东西。或者，建议老师组织一次学农活动，走出学校，体验真正的农村生活，开阔眼界，增长见识。这肯定比随便去哪个旅游景点看风景拍照片要有意义得多。

**做一做**

无论是让爸爸、妈妈带你去，还是学校组织活动，在体验农村生活期间，应该要尽量亲身参与劳动，比如第一次喂猪、第一次挖地瓜、第一次筛稻谷、第一次砍甘蔗、第一次捕鱼……然后把这些活动体会记录下来，并和伙伴探讨一下，看看这种新鲜的第一次带给你一种什么样的感受！

第**24**件事
体验一次农村生活

**记一记**

下雨天为什么青蛙叫个不停？这是因为下雨天青蛙呼吸起来比较容易，所以青蛙的心情也更愉快，叫得声音也就更大了。

# 25

QIN JIAN JIE YUE

勤俭节约

　　现在怎样花钱也影响到将来管理金钱的习惯。如果能够养成勤俭节约的好习惯，就意味着你有可以控制自己欲望的能力，也意味着你已经有了独立自主的意识。

　　有一个调查发现，在一些小学里边，浪费粮食的现象非常严重，每天都能看到从学校里推出一车又一车的剩饭剩菜，有些饭只吃了几口就被倒掉了。

　　不仅是浪费粮食，还有一些消费现象也令人担忧。有些同学一味追求时髦的文具，流行流氓兔，就一定要有流氓兔图案的书包，流行《流星花园》，就非要有F4图像的书包、文具盒，总之是流行什么就要买什么样的文具用品。因为社会上流行的东西更新得很快，所以往往新的文具还没用几天，就被无情地抛弃了，这就造成了很大的浪费。

很多同学喜欢过节，比如"圣诞节"、"愚人节"等，过生日更是不可缺少的节目。过节的时候就要互相赠送礼物，这些礼物还很贵。过生日的时候非要请朋友聚餐，有时还要去溜冰场、电子游戏厅过把瘾。这样一天下来，花去几百元也不足为奇。

难道说，我们现在的生活好了，就可以丢掉勤俭节约的美德吗？

当然不是！在我们国家，还有很多贫困地区的孩子不能上学，许多失业家庭的生活尚待改善，许多受灾地区的人们吃不饱、穿不暖，所以勤俭节约的传统美德决不能丢。

我们作为社会的一员，应该牢记历史的使命，发扬中华民族艰苦朴素的优良传统。

从今天开始，把勤俭节约当成一种美好的品质，树立健康的消费观吧。

## 第**25**件事
### 勤俭节约

### 听一听

人们常说"五谷杂粮"，其中的"五谷"通常指黍、豆、稷、麦、稻。多吃五谷杂粮可以让你的身体更健康！

### 做一做

节约有很多方法，针对不同的情况可以采取不同的对策，拿节约用水来说，你可以这么做：

★用淘米水洗菜，不仅节约了水，还有效地清除了蔬菜上的残存农药。

★用洗衣水洗拖把再冲厕所。用第二道清洗衣物的洗衣水擦门窗及家具、洗鞋袜等。

★大小便后冲洗厕所，尽量不用大水量冲洗，而充分利用使用过的"脏水"。

★水龙头使用时间长会有滴水现象，可用装青霉素的小药瓶的橡胶盖剪一个与原来一样的垫圈放进去，就可以保证滴水不漏。

# 26

DUO DU SHU DU HAO SHU

## 多读书，读好书

三味书屋

　　知识，是人类文明的结晶。阅读好书就像跟历代圣贤哲人促膝长谈，他们高尚的节操会对我们产生潜移默化的影响。阅读好书，我们可以从中得到有关人生的许多指示，可以从中体验到那些无法直接去经历的东西。

　　林肯少年时，就因为偶然一次阅读了华盛顿和亨利·克雷的传记，从此立下宏伟的志向，最后成为了"美国历史上最受人尊敬的总统"。一个喜欢读书的人能够感受到读书时妙不可言的乐趣。一个喜欢读书的人，即使不能成为伟大的

人，最终也能成为博学的人。

所以，我们要培养自己爱读书的习惯。不仅要阅读那些我们喜欢的书，还要阅读各种门类的书籍。读书还要掌握一些方法和技巧。有的书只要泛读，能够了解大概的主题思想就可以了；有的书则需要我们认真精读，必要的时候还要做读书笔记，把最精华的东西记下来，以便随时查阅。

从现阶段来看，读书与提高我们的成绩有密切的关系。如果想提高我们的写

作能力、判断力、想象力、理解力等，多读好书是最好的办法。

　　所以，每天除了老师指定的学习任务之外，还应该安排一些时间阅读各方面的好书。

　　也许你会说："今天就这样，从明天开始吧，我一定不偷懒，要多读书！"

　　在刚开始培养读书习惯的时候，很多人都会有这样偷懒的想法。其实，读书跟其他事情一样，只要制订了计划，就应该坚持按计划去实施。所以，还是忍耐一下吧，不要做一个对自己言而无信的人。

　　另外，也许你会这样想："如果我每个星期读一本书，那么一年下来，只能读50本。不如每个星期读两本吧！"

　　这种想法也是不正确的。"冰冻三尺，非一日之寒。"如果急于求成，一次读很多书，甚至熬夜读书，结果第二天上课的时候就没有精神了，这样反而得不偿失，不能达到读书的最好效果。所以，一定要根据自己的情况适当地安排读书量和读书时间。

　　在读什么书的问题上，刚开始你可以多听听老师和父母的意见，相信他们一定会帮助你挑选一些适合阅读的好书。

　　等到逐渐养成喜欢读书的习惯时，你也已经有很多挑选图书的经验了，这时候，你可以根据自己的爱好和需要，自己去书店买书了。每个月去一两次书店，在那里，你会发现许多令你感兴趣的新书，你还会遇到很多同样喜欢读书的人，说不定还能交流交流呢。

第**26**件事

多读书，读好书

## 学一学

位于北京琉璃厂的"宝文堂"书店创立于清道光元年（1821年），距今188年，虽然不是家喻户晓，但确实是目前中国历史最悠久的书店之一。

### 🅡 做一做

当你看到市面上那一份份图文并茂的报纸和杂志时，有没有想过长大以后要做一名出色的记者或者编辑呢？

现在，开始动手做一份属于自己的报纸吧，我们叫它"手抄报"，所有的题目、内容、风格和版式都由你来设计，如果你能坚持，你可以让它以一个固定的周期出一份，比如一周一期，或者一月一期，然后把你的报纸装订成册，等亲戚或同学来家里时，你就可以让他们来阅读并给出评价了。

# 27

## 喜爱音乐

　　音乐是天使的语言，它最容易触动我们的心灵，带给我们至美的享受。"池塘边的榕树上，知了在声声地叫着夏天……"这首熟悉的《童年》，就如我们的心灵一样自然、纯真、无忧无虑和简单，如同蓝天和白云纯洁无瑕。

　　有了音乐的陪伴，我们的生活更加丰富多彩。音乐把我们带进一个个美妙而神奇的世界，当我们开心的时候，音乐为我们助兴，当我们不开心的时候，音乐又轻轻抚慰我们愁闷的心灵。

　　"春天来了，大地在欢笑……"《蓝色多瑙河》欢快的旋律让我们感受到了

春天的无比美好，它渗透了人们热爱故乡的深情，在优美的音乐声中，我们仿佛能看到，黎明的曙光正轻轻拨开河面上的薄雾，唤醒沉睡的大地，多瑙河轻松欢快地奔流着，明朗、活泼、柔和、优雅，激励人心，催人向上，铿锵有力，让人感受到生命的勃勃生机。

在满地银辉的湖畔，几只小天鹅翩翩起舞……永远优雅的《小天鹅舞曲》，动人的旋律每每响起，都能唤起我们对美好生活的感悟与眷恋，让我们浮躁的心灵渐趋平静。

音乐中还有一些动人的故事。

春秋时期，有一个叫俞伯牙的人擅长弹琴，还有一个叫钟子期的人擅长听音辨意。有一次，伯牙来到一座山中游玩时，突然遇到了暴雨，他躲在一块岩石下面避雨，心里感到十分寂寞忧伤，便拿出随身带的古琴弹了起来。

刚开始，他弹奏了反映连绵大雨的琴曲。接着，他又演奏了山川空灵的乐音。

不知过了多久，突然有人在附近的一丛野菊后叫道："好曲！真是好曲！"原来，在山上砍柴的钟子期也正在附近躲雨，听到伯牙弹琴，不觉心旷神怡，在一旁早已聆听多时了，听到高潮时便情不自禁地发出了由衷的赞赏。

俞伯牙听到赞语，赶紧起身和钟子期打招呼，然后又继续弹了起来。伯牙凝神于高山，钟子期在一旁听得频频点头："好啊，巍峨雄峻，真像是一座高峻无比的山啊！"伯牙又沉思于流水，隐情在旋律之外，钟子期听后，又在一旁击掌

称绝："妙啊，浩浩荡荡，就如同江河奔流一样呀！"

伯牙每奏一支琴曲，钟子期都能听出它的意旨和情趣，这使得伯牙惊喜异常。他放下了琴，叹息着说："好啊！好啊！您的听音、辨意、明义的功夫实在是太高明了，您所说的跟我心里想的真是完全一样，真是知音啊！"

美妙的音乐能让我们的生活充满快乐，让我们烦躁的心情得到抚慰。所以，让音乐成为我们永远的朋友吧。如果有机会，你也可以去学一两种喜欢的乐器，为亲人和朋友轻轻弹奏一首美丽的曲子。

第**27**件事
喜爱音乐

## 读一读

根据美国科学家实验证明，莫扎特的音乐可以提高人的学习和记忆能力，这种现象被称为"莫扎特效应"。所以，不妨多听一些古典音乐，还可以陶冶情操呢！

**写一写**

### 钢琴诗人肖邦

肖邦是伟大的波兰音乐家，自幼喜爱波兰民间音乐，7岁写了《波兰舞曲》，8岁登台演出，不满20岁已成为华沙公认的钢琴家和作曲家。

肖邦一生不离钢琴，作品几乎都是钢琴曲，被称为"钢琴诗人"。肖邦的后半生正值波兰亡国，因此他在国外度过了他生活的大部分时间，其间创作了很多具有爱国主义思想的钢琴曲，以此抒发自己的思乡情、亡国恨。舒曼称他的音乐像"藏在花丛中的一尊大炮"，向全世界宣告："波兰不会亡。"

肖邦晚年生活非常孤寂，痛苦地称自己是"远离母亲的波兰孤儿"。临终嘱咐亲人把自己的心脏运回祖国。

查找更多关于音乐家肖邦的故事，读后把自己的感想写在日记里。

# 28

## 信守承诺

缺乏诚信会给我们的生活带来不良的影响。首先我们不再相信别人，多疑使很多机会从我们身边溜走；其次别人不再相信我们，因为良心和荣誉已经变得一钱不值。

从前有个商人，在外地办了一批货，从水路运往外地销售。船在河中顺风行驶，忽然浓云密布，大雨倾盆，河水涨得很高。商人走出船舱查看货物，一股大浪袭向船头，把他打落水中。商人在水中挣扎呼喊："救命呀!"

一个渔夫听到喊声，急急忙忙把船摇过来救人。商人看到渔夫，大声喊道："快来救我，我给你100两白银。"

渔夫把商人救起来，送进船舱，商人换好了衣服，拿出10两银子送给渔夫。

渔夫不接银子，看着商人说："刚才你在水中许诺说，把你救起来给100两银子，而不是10两。"

商人满脸不高兴地说："你这也太不知足了，你一天打鱼能挣几文钱？现在一下子得了10两银子，不少了。"说完这话，他就钻进船舱，不再理会渔夫。渔夫长长叹了口气，回到渔船。

一年后，商人又办了批货，碰巧在河中与渔夫相遇。商人的船不巧触礁，船舱进水，船渐渐下沉。商人急得团团转，大声对渔夫说："快来救我，这次我给你300两银子，保证不失信。"

渔夫摇橹从商人旁边划过去，回头不紧不慢地说："喊信得过你的人来救命吧，我不要你的银子，可也不救你这种无信无义之人的命。"

很快，商人随着沉船在滔滔河水中消失了。

自古以来，人们就把"信义"二字看得很重，一个人可以在一时之间欺骗所有人，也可以在所有时间欺骗一个人，但不可能在所有时间欺骗所有人。商人因为自己的不守信义而丢

了性命，后悔也来不及了!

在你的周围，是否也有过一些说话算数的人？他们说好和你一起去做某件事，结果失约了；他们答应可以带来你一直寻找的一本书，结果忘了个干干净净。这样一来二去，你渐渐不再相信他们，因为他们的承诺等于零。

同样，如果你总是对自己许下的诺言不遵守，比如"我今天晚上不看电视剧了"，或者"明天早上要在6点起床"，说了又做不到，长此以往，连你自己都不会相信自己了。

对待你自己许下的承诺，应当像对待生活中最重要的人一样认真，尽你所能，全心全意去完成它。

遵守诺言是一种美好的品德，违背诺言、不守信用的人得不到别人的尊重，做什么事情都会碰壁。因此，当我们准备许下诺言的时候，要非常谨慎小心地对待，尽量考虑到各种可变因素和偶发因素，以防突然发生某些情况，妨碍诺言的履行。

总之，我们从小开始，就要做一个信守诺言的人。

**做一做**

**如何在细节中培养遵守诺言的品格呢？**

★答应别人的事情一定要用心去做，如果遇到困难就请大家帮忙。

★不许诺别人自己做不到的事。

★对于自己没有做到的事情要及时道歉。

第**28**件事
信守承诺

**记一记**

对人以诚信，人不欺我；对事以诚信，事无不成。

——冯玉祥

# 29

学会团结合作
XUE HUI TUAN JIE HE ZUO

　　个人的力量是单薄的，只有众多的人团结起来，共同面对，才能聚集成强大的力量克服困难。所以，我们要学会与别人合作。

　　在这个世界上，没有任何一个人能够完全具备所有的优点。每个人都有自己所擅长的东西，但在另外一些地方，却不如别人做得好。正因为如此，有些事情需要我们与别人合作，才能做得更好。有这样一个故事：

　　在越国，甲父史和公石师各有所长。甲父史善于计谋，但做事情很不果断；

公石师做事情果断，却经常犯粗心大意的错误。因为这两个人是好朋友，所以他们经常取长补短，一起为国家做大事。他们虽然是两个人，但好像是一个心。这两个人无论一起去干什么，总是一帆风顺。

后来，他们在一些小事上发生了冲突，吵完架后就各奔东西了。当他们再各自做事情的时候，却碰到了很多困难，并且屡屡失败。

一个叫密须奋的人对此感到十分惋惜。他把两个人叫到一起，对他们说："你们听说过海里的水母吗？它没有眼睛，靠虾来带路，而虾则分享着水母的食物。它们互相依存，缺一不可。在西域有一种鸟叫两头鸟。这种鸟两个头同长在一个身子上，但是彼此争斗、互不相容。两个鸟头饥饿的时候互相啄咬，其中的一个睡着了，另一个就往它嘴里塞毒草。如果睡梦中的鸟头咽下了毒草，两个鸟头就会一起死去。它们谁也不能从分裂中得

第**29**件事
学会团结合作

### 记一记

谁若认为自己是圣人，是埋没了的天才，谁若与集体脱离，谁的命运就要悲哀。集体什么时候都能提高你，并且使你两脚站得稳。

——奥斯特洛夫斯基

到好处。在北方，还有一种肩并肩长在一起的'比肩人'，他们轮流吃喝，交替着看东西，死一个的话，另一个也会死掉。现在你们两人与这种'比肩人'非常相似。你们和'比肩人'的区别仅仅在于，'比肩人'是通过形体，而你们是通过事业联系在一起的。既然你们都有自己的优点和缺点，合作的话就能取长补短，分开的话就会失败，为什么还不言归于好呢？"

甲父史和公石师听了密须奋的劝解，说："要不是密须奋这番道理讲得好，我们还会单枪匹马受更多的挫折！这是何苦呢？"于是，两人言归于好，重新在一起合作，做了更多成功的事。

在我们的现实生活中也是如此，比如在出板报的时候，如果只由一个同学做，效果不会很好，但是如果能够团结几个同学一起做，选题目、写诗歌、画画、书写，大家发挥各自的特长，共同努力，肯定会成功完成一期精彩的板报。

所以，尝试与你的朋友、同学，甚至陌生人，为了一个共同的目标而合作吧，团结的力量可以战胜一切。

### 做一做

**想知道如何与人合作吗？**

★学会向他人请教是交朋友的第一步。

★学会换位思考，想想，如果你是对方，你会怎么做呢？

★多参加集体活动。

## 30

ZUO YI GE CHENG SHI DE REN

## 做一个诚实的人

很久以前，有一个国家的国王因贤明而深受国民爱戴，可是他年事已高，又没有孩子，所以他决定从国内老百姓中找一个诚实的孩子做他的继承人。

这天，国王让人给每一个孩子发一粒花的种子，并当众宣布："谁能用这粒种子培育出最美丽的花朵，谁就可以做王位的继承人。"孩子们都梦想做王位继承人，因此都种下了种子。从早到晚，浇水、松土、施肥，精心地培育自己种下的种子。

有一个名叫金波的男孩儿也在家里种下了他的种子，但是好多天过去了，花盆里不见动静。不管怎么努力，种子依然如旧，就是不发芽。

很快就到了国王上街看花的那一天，孩子们一个个都打扮得漂漂亮亮的，涌上街头，各自捧着一个花盆，等候国王一一观赏捧在手中的花，盆里的花

争奇斗艳，令人赏心悦目。但是国王却板着脸，没有一丝笑容。突然，国王看见站在一边的金波，他低着头，流着泪，手里端的是一个空花盆。国王把他叫到了跟前问："你的花盆里怎么没有花呢？"金波一边流着泪，一边说出了他培育那颗种子的经过。

国王听了，高兴地拉着金波的双手，向大家宣布："这就是我选中的孩子。我分给大家的都是煮熟了的种子，只有这个叫金波的小孩儿才是诚实的。"

故事中的小男孩儿金波因为诚实而获得了国王的赏识，从而幸运地当上

了王位的继承人。因为他的花盆里栽培着世界上最美丽的花朵，那就是诚实的花朵，也正是贤明的老国王所寻找的漂亮花朵。

诚实让金波得到了王位，故事中诚者为王，而在我们的现实生活中也是如此。很多时候，我们常常埋怨种种不公平，为什么一样学习，别人可以得到种种傲人的荣誉，而自己仍然是默默无闻。可我们是否好好地审视过自己的言行呢？我们用真诚去处事待人了吗？从小到大，我们的长辈都教导我们要诚实，不要撒谎，但我们真正做到的又有多少呢？诚实是一种品质，不应该因一时的贪婪或虚荣而将它抛于脑后。

真诚地对待生活，生活也将真诚地对待你。诚者为王，我们坚信这不仅仅是个简单的小故事，终有一天，我们也会因诚实而成为王者。

## 做一做

★试着填充下面的空，为自己作一个提醒。

_____时，我撒了谎，原因是

_____，如果下次再遇到这样的

情况，我会_____

_____。

第**30**件事
做一个诚实的人

### 写一写

找到《狼来了》的故事仔细读一读，想一想：故事里的男孩儿为什么得不到别人的帮助？他最应该反省的是什么？

第4章

# 培养习惯

# 31

给希望工程捐一次钱

　　有三个小姑娘一同出游，半路上，遇见一位跌倒的老婆婆，便把她搀扶到家中。临别时，老婆婆拿出三朵鲜艳的桃花，分送给小姑娘每人一朵，说道："好孩子，它可以满足你们每个人爱美的心愿，想要什么尽管说！"

　　爱打扮的小姑娘说："我希望有一套最华美的衣裙！"刚说完，她身上果然多了一件流光溢彩、美艳绝伦的裙子。

　　爱漂亮的小姑娘说："我希望有一张最动人的脸蛋！"说完，她立刻变得神采飞扬，绝世无双。

最小的那个小姑娘说："好婆婆，我只希望有一颗最美好的心灵！"说完，她心里便豁然开朗、一片光明。

40年后，老婆婆忽然想起当年的小姑娘，于是决定去探访她们。她找到第一个小姑娘，这时，爱打扮的她，只穿着一套普通的衣服，伤心地对老人说："我那套美丽的衣裙，早已破旧了！"她又找到第二个小姑娘，只见那张漂亮的脸上布满了皱纹，她痛哭着对老人说："您给我的美貌，又还给了时间！"

最后老婆婆找到了第三个小姑娘，只见她脸上挂着幸福的微笑，高兴地说："这些年，我用整个心灵去爱每一个人，去帮助每一个人，爱，就像一颗神奇的种子，已经在所有朋友的心里扎根，而我也觉得非常快乐！"老婆婆开心极了："孩子，只有你最懂得美的真谛啊！"原来，那个老婆婆就是爱和美丽女神维纳斯的化身。

真正的美不在于华丽的服饰，而在于人的内心。当衣冠破旧，年华老去时，一切虚浮的美丽都已消失，而长存于人心的只有那份灵魂的美丽。

每一个快乐健康的人，都应该拥有一颗善良美丽的爱心。因为，帮助别人，也就是帮助了自己。只有付出爱心，才会收获爱。我们每

## 第**31**件事
### 给希望工程捐一次钱

### 记一记

你知道特雷莎修女吗？她是享誉国际的慈善家，也是诺贝尔和平奖得主之一。她并不富有，但却通过自己的努力挽救了无数人的生命，用自己的一生为世界和平作出了巨大的贡献。

个人只有在爱与被爱中才能真正体会到生命的意义。如果一个人没有了爱的能力，那么他的生活就会黯然失色，生命就会渐渐枯萎。

如何去爱以及被爱呢？那就是关注我们周围的人，尽力帮助他们提高生活的质量，尽可能友善地对待别人，而不是埋头关注自己个人的欲求。这样，我们可以在使他人的生活获得升华的同时，自己也得到升华。

我们可以把节省下来的零花钱捐给希望工程，至少可以给那些渴望知识的孩子买一本书。可以把衣橱里很久没穿的衣服捐出去，至少可以让一个贫穷的孩子少受寒冷的折磨。类似这样的事情，我们还可以做很多很多。

当然，爱心的付出不分场合和时间，所以我们要根据自己的情况随时随地做好事，播撒我们的爱心。比如在公车上为老年人让座；帮助学习差的同学，为他们解答疑问；为孤寡老人讲故事、读报纸……

**写一写**

### 能给予就不贫穷

在一篇文章里，有人说："只有富有的人才能给予别人，才能给予别人幸福，而能给予就不贫穷。"这篇文章是马旭写下的《能给予就不贫穷》。找到这篇文章仔细读一读，写下你的读后感。

# 32

**坚持锻炼，身体健康**

JIAN CHI DUAN LIAN SHEN TI JIAN KANG

　　我们应该适当地作运动，锻炼出强健的体魄。最好是能够选择一两种适合自己的并且能够长期坚持下去的运动项目，甚至将其作为自己的一种爱好，乐此不疲。

　　健康的身体是生活和学习的前提条件。身体虚弱时，只要读一点儿书，就容易感到疲惫；失去健康时，想要做任何事情都无法做。只有身体健康，才能很好地管理时间，并按照自己的计划把事情完成。

想要拥有健康的身体，首先就要吃各种食物，以摄取各种营养成分，同时也要培养早睡早起的生活习惯。

为了拥有健康的体魄，还要选择适合自己的运动。适当运动，不但能提高身体素质，还能保持个人活力，让身体随时保持平衡，有助于精神上的愉快。

看过电影《阿甘正传》的同学都知道，它讲述的是亚拉巴马州一个天真善良的年轻人总在不知不觉之中磕磕绊绊地取得成功的故事。电影中有这样一个情节：阿甘感到灰心、困惑，于是他开始跑，不停地跑。从海岸这头跑到那头，来回跑了几圈儿之后，他觉得好多了，终于作出了自己的人生抉择。

有时候学习太紧张，我们往往很少主动去参加运动，长时间伏案学习后，脑细胞得不到充足的血液和氧气供应，容易出现疲劳，感到头昏脑涨。也有的时候，因为一些事情，我们会感到沮丧、困惑或无聊。在这些情况下，或许我们能采取的最好办法就是像阿甘那样:停止学习，或者放下不愉快的情绪，去作一些自己比较喜欢的体育运动，如跑步、打球等。运动不仅有利于我们的身体健康，而且还具有消除大脑疲劳、振奋精神、调节心理状态等神奇功效。

没有规定说哪一种运动方式最好。有的人喜欢像阿甘那样跑步，有的人则喜欢骑车，还有的人喜欢滑冰、跳舞或做操。

不管是什么运动，只要勤加练习，就能帮助保持自己的身体健康。当然要注意到，如果运动过度，会造成疲劳，反而有可能会失去健康；若花大量时间运动，没有顾到学习和其他事情，也会适得其反，所以凡事一定要适可而止。一般来说，每星期运动三次左右，每次锻炼的时间在20至30分钟之间，长期坚持下去，就能收到良好效果。

### 做一做

查阅一些锻炼身体的注意事项和建议，给自己定一个每日运动表，并坚持写运动日记，一段时间以后来个前后比较。

| 日期＼项目 | 6:00~7:00 | 12:00~13:00 | X点~X点 | 运动心得 |
|---|---|---|---|---|
| 星期一 | | | | |
| 星期二 | | | | |
| 星期三 | | | | |
| 星期四 | | | | |
| 星期五 | | | | |
| 星期六 | | | | |
| 星期日 | | | | |

第**32**件事
坚持锻炼，身体健康

### 记一记

运动量过大或过小对我们的身体都不能起到积极的作用，只有根据自己的身体素质，坚持适量运动，才能达到强身健体的目的。在调控运动强度时，心率就是很好的衡量标准。运动时最高心率以不超过每分钟"220－年龄（岁）×0.7"次为宜。

# 33

## 保护环境，爱护地球

BAO HU HUAN JING AI HU DI QIU

　　我是一条小河，一条清澈的小河，小鱼、小虾、小螃蟹是我的孩子，河边的柳树、芦苇，还有飞来飞去的小鸟都是我的朋友。我每天唱着欢快的歌儿，和我的孩子做游戏。

　　我曾经是人类的好朋友，孩子们在我的怀抱里嬉戏，妇女们在我这里清洗衣物。人们还把我引到水库，流进发电厂，变出一种叫"电"的东西，给人类带来光明。我为自己感到骄傲和自豪，因为我能为人们带来无限的欢乐。

可是不知从哪天起，我的身体开始不舒服了，我的孩子也不断生病、死亡。原来人们在我身边建起了一座座工厂，乌黑的废水流进我的体内。他们还把各种垃圾随意丢在我的身上，原来不断流淌的河水被堵住了，开始发黑，发臭，蚊子、苍蝇在我身上繁殖，生长。人们从我身边经过时，都捂着鼻子，一脸厌恶的表情。我伤心地哭了，流出来的泪水也是乌黑浑浊的。

人类啊，你们为什么要这样做？我问白云姐姐，白云姐姐默默无语，只为我洒下一把辛酸的泪水。

我问大海伯伯，大海伯伯慨然悲歌："受残害的不仅是你，连我也受到了污染……"

我问太阳公公，太阳公公摇头叹息："可悲的人类，他们总有一天会后悔的！"

岸边的柳树、芦苇已经受不了污染，它们日渐枯萎，可爱的小鸟也不再与我玩耍。

这是为什么？

人类啊，救救我吧——一条曾经为你们带来无限欢乐的小河。

可怜的小河，它曾经为我们人类带来了许多快乐，有些人却不知珍惜，随意践踏，致使我们再也不能分享小河的美丽。不仅小河生病了，我们人类也因为水污染而生病了。

不仅仅是小河受了伤害，还有大海、森林、空气等都受到了污染。地球是我们共同的家园，很难想象，如果有一天这个家园被我们自己毁坏了，那时候我们要怎样生活。

　　所以，爱护环境，人人有责。爱护环境，从我做起，从身边的小事做起。

**🅰 做一做**

保护环境从小事做起，你可以做得很多，比如下面这些：

★家庭日常生活中，时时处处注意节约能源。比如节约用水、节约用电，不在家里使用一次性的物品，比如一次性水杯等。

★出行时也要注意在小事上保护环境，比如出门时我们可以自觉地带上垃圾袋，不随地乱丢垃圾；逛公园或者在任何公共场所时，不攀折花木，不随意踩踏草坪，不戏弄动物，不乱图乱画……

★和爸爸妈妈去购物消费时，努力做到绿色消费。比如不买过分包装的商品，节俭的同时也节约了能源；少用塑料袋，减少白色污染等。

**看一看**

每年的6月5日都是世界环境日，在这一天，世界各国都要举行群众性的环保活动。不要忘了参与其中哦！

# 34

## 爱护双眼，远离近视

　　眼睛是心灵的窗户，拥有一双明亮的眼睛，是一个人健康的重要标志之一。通过眼睛，我们可以直接、真实地了解这个五彩缤纷的世界，如果没有眼睛，即使外面的世界再精彩，我们对四周的感觉也将只是一片永远的黑暗。

　　眼睛是如此珍贵！但是，在我们的周围，有很多人忽视了对眼睛的保健，甚至小小年纪就戴上了眼镜。有调查显示，我国青少年近视眼发病率日趋上升，严重影响了他们日后的生活和工作。

我们要爱惜自己的眼睛，做一个健康的人。那么，应该如何保护我们的眼睛呢？

### 关于看电视

节假日的时候，很多同学喜欢看电视。的确，有些电视节目很吸引人，但是如果一直看下去，眼睛得不到休息，就很容易导致近视。所以，看电视不要时间过长，每隔半小时就要闭上眼睛休息一下，或转移视线，使眼睛得到调节。

看电视的时候要保持适当的距离，同时，室内光线也要适宜。如果室内过黑，电视屏幕与周围黑暗的环境形成强烈对比，长时间会加重视力疲劳。如果室内太白或太亮，同样也会妨碍眼睛健康。所以，晚上看电视最好亮一盏低瓦电灯，白天看电视最好拉上窗帘。

### 学习时对眼睛的保护

不要在强烈的或太暗的光线下看书、写字。读写姿势要端正，眼与书之间要保持20厘米以上的距离。不要躺着看书，乘车走路时也不能看书。

很多人以为，只要放下课本或作业就是休息眼睛了，比如去玩会儿电脑、看看课外书，甚至闭目养神。其实，这样只能使大脑得到休息，眼睛却依然处于疲劳工作状态。要想真正使眼睛得到休息，最有效的方法就是看5米以外的东西。在学校时，可以到教室外活动10分钟；如果在家，可以到阳台或窗前向外眺望10分钟。另外每天都要认真做眼保健操。

　　除了以上这几点外，还应多吃一些有利于眼睛发育的食物，比如蛋类、豆类等富含蛋白质的食物，还有各种新鲜蔬菜和水果等富含维生素C的食物。

　　总之，爱护自己的眼睛会是一生受益的事情。

**想一想**

　　海伦·凯勒是美国著名作家和教育家。1882年，她刚一岁多的时候，因为疾病导致眼睛失明，耳朵失聪，甚至后来，连话也说不出来了。

　　但即使是这样，海伦·凯勒也没有自暴自弃，而是凭借惊人的毅力完成了很多常人都没有完成的事情。她一生写了很多书，在其中一本《假如给我三天光明》的书中，海伦·凯勒用一个盲人的视角告诉人们光明对大家的意义，这本书一直深受大家喜爱。

　　现在请你读一下这本书，体会一下视力对个人的重要性，然后写下自己的爱眼护眼计划，并坚持实施。

**记一记**

　　按照国际标准，1.0、1.2、1.5、2.0、2.5都是正常视力，其中1.0被视为矫正视力，低于1.0则被视为近视眼了。

# 35

学会独立思考

XUE HUI DU LI SI KAO

生活中有太多的"为什么"，只是常常因为我们的懒惰才故意忽略不提，久而久之，这些"为什么"就变成了永远解不开的谜，而我们的见识也不会有太多的增长。

其实，凡是那些学有所成的名人，都有一个很好的习惯，那就是独立思考，当他们遇到不懂的问题时，一定会想方设法去弄明白，就像小时候的爱迪生一样。

有很长一段时间了，爱迪生对家里养的那只母鸡产生了浓厚的兴趣，常常蹲在鸡窝边皱着眉头观察那只趴在窝里正在孵小鸡的母鸡，显出一副可爱而深沉的模样。

　　知儿莫若母，妈妈知道，儿子一定又在思考问题了。

　　果然，有一天，爱迪生动手把鸡窝里的那只母鸡强硬地抱了出来，结果被发怒的母鸡啄破了手。

　　爱迪生不解地问妈妈："别的母鸡下了蛋以后，都跑到外面来，咯咯嗒、咯咯嗒地告诉人们，可这只母鸡为什么不出来玩儿，还那么霸道地看住几只鸡蛋不放？我想让它到外面跑跑，它还啄我的手。瞧，手都破了。"

　　妈妈听了儿子的话，忍不住笑起来。她边给儿子包扎伤口边告诉他："这只母鸡正在准备做妈妈呢。它不是在下蛋，而是把这些鸡蛋放在身子底下，用身体温暖它们。这样过一段时间，鸡蛋里面就会有一只小鸡，等它长大以后，就会伸出尖尖的小嘴把硬硬的蛋壳啄开，然后从里面跑出来。到那时，鸡妈妈就完成了孵小鸡的过程。"

　　妈妈又摸了一下爱迪生的头，说："你现在把母鸡从鸡窝里抱出来，它肯定以为你要把它的小宝宝抢走呢，能不跟你拼命吗？"

　　真奇怪，母鸡趴在鸡蛋上就能生出小鸡来，那人趴在鸡蛋上面一动不动，是不是也照样可以生出毛茸茸的小鸡来呢？爱迪生歪着脑袋想着，已经忘记了手破的疼痛……

　　生活中任何一件小事情都能激起爱迪生强烈的求知欲，他总是在不断地寻求答案，正是这种认真、

爱思考、爱学习的精神才最终帮助他成为一个著名的发明家！

对照一下我们自己，有没有觉得很惭愧？因为有时候我们实在是太不爱思考了。每次做作业遇到难题的时候，我们经常想都不想就跑去问别人，然后就按别人的做法做了，也不考虑为什么要这么做。

读了这个故事后，你大概知道了吧，要想获得成功，就要从小养成爱思考的习惯，把每个不明白的问题都去问明白、弄清楚，相信你会成为另一个爱迪生！

**做一做**

**如何才能善于提问呢？试着照下面的做一做。**

★无论在学习还是生活中，要能够发现"为什么"，对任何自己好奇的、不太明白的事情都可以问"为什么"，比如：为什么星星、月亮挂在天空中不会掉下来？为什么在地球转动时人不会掉下去？渐渐地，你就会发现自己的思维开始活跃了，也就是会提问了。

★认真地思考这些"为什么"，先自己思考答案，然后大胆地去向别人请教，千万不要害羞或者害怕别人的嘲笑，记住：提问是一件值得自豪的事，因为它表明你在主动地思考。这比那些不懂得思考的人强多了。

★学会质疑，在别人给出的答案中发掘新的"为什么"。别人给的答案也不一定是唯一正确的答案，你要学会质疑，只有不断地思考，才会不断地进步。知识是没有止境的。

**第35件事**
**学会独立思考**

**记一记**

独立思考能力是科学研究和创造发明的一项必备才能。在历史上任何一个较重要的科学上的创造和发明，都是和创造发明者的独立而深入地看问题的方法分不开的。

——华罗庚

# 36

## 学习与娱乐并重

XUE XI YU YU LE BING ZHONG

学习的时候只想着学习的事情，不要去想和谁去玩、下午要去踢球等其他事情，也不要听歌或看电视，应该一心一意地把眼前的事情做好，这样才能获得最好的学习效果。

老猫和小猫一块儿在河边钓鱼。

一只蜻蜓飞来了。小猫看见了，放下钓鱼竿，就去捉蜻蜓。蜻蜓飞走了，小猫没捉着，空着手回到河边来。小猫一看，老猫钓着了一条大鱼。

一只蝴蝶飞来了。小猫看见了，放下钓鱼竿，又去捉蝴蝶。蝴蝶飞走了，小猫又没捉着，空着手回到河边来。小猫一看，老猫又钓着了一条大鱼。

小猫说："真气人，我怎么一条小鱼也钓不着？"

老猫看了看小猫，说："钓鱼就钓鱼，不要这么三心二意的。一会儿捉蜻蜓，一会儿捉蝴蝶，怎么能钓着鱼呢？"

小猫听了老猫的话，就一心一意地钓鱼。

真气人，我怎么连一条小鱼也钓不着？

钓鱼就钓鱼，不要这么三心二意的。一会儿捉蜻蜓，一会儿捉蝴蝶，怎么能钓着鱼呢？

蜻蜓又飞来了，蝴蝶又飞来了，小猫就像没有看见一样。不大一会儿，小猫也钓着了一条大鱼。

如果你学习的时候老是注意力不集中，想其他的事情，就应该用这个故事来提醒自己。只有学习的时候专心致志，玩耍的时候才能开开心心。

做任何其他的事情也是如此。如果你下决心要学习舞蹈或钢琴，就要一心一意努力去学好。如果刚学了一点点又突发奇想要学别的，或者在练习的时候又抱怨不能出去玩儿，一边练习一边想着别的事情，这样下去，只能半途而废，最后什么也没有得到，就像那只三心二意、没有耐心的白头翁一样：

从前有一只美丽的小鸟，想学点儿本领。一天，它看见喜鹊在大树上搭窝，觉得很有意思，决定跟喜鹊学搭窝。开始它学得很认真，可是没过多久就厌倦了。它说："天天衔树枝，太累了！"它不再学搭窝了。

一天，它听见黄莺在唱歌，唱得很好听，于是决定跟黄莺学唱歌。开始它学得挺认真，可是没过多久又厌倦了。它说："学唱歌要天天练嗓子，我可受不了！"它不再学唱歌了。

以后它又跟大雁学飞行，跟老鹰学捕猎，也都是有始无终，没有一件事情能够坚持下去。日子一天一天地过去，直到头发全白了，它还是什么本领也没学到。

从此，它把一头白发传给子孙，让它们世世代代记住这个教训。后来，人们叫它们"白头翁"。

**做一做**

你能专心致志地学习吗？

做作业的时候，放一块表在旁边，然后在下面的空格中填上你的时间表。

★现在是_____点_____分，开始做作业。

★现在是_____点_____分，我的注意力不太集中了，因为

_____。

★现在是_____点_____分，我正在_____。

★现在是_____点_____分，我的作业全部完成。

★今天表现：好□　不好□

**读一读**

读一下古文《学弈》，看看里面所说的"专心致志"的故事给你什么启示。

# 37

养成良好的卫生习惯

YANG CHENG LIANG HAO DE WEI SHENG XI GUAN

你知道吗，不讲卫生造成的灾害已经给人类带来了许多深刻的教训。2003年震惊全世界的SARS病毒，就是通过人们唾液形成的飞沫在空气中传播的，它使一些人丧生，但至今仍有一些人还在充当着疾病传播者的角色，他们并没有意识到不讲卫生对自己以及他人有多大的危害。

学校的卫生环境，是学校精神文明建设的窗口，也是学校师生素质高低的综合反映。但由于有些同学还存在一些不良的卫生习惯，经常给校园文明带来不良的影响。这些不良的卫生习惯主要包括以下几种：

第一，爱吃零食，经常光顾学校旁边不卫生的小店。这些小商店往往都是没有卫生许可证的，里面的食品也有可能是他们自制的。这些不卫生的食物会对你的身体健康造成极大的危害。

第二，随地吐痰。不少同学公共道德意识不强，无论在教室里，还是在校园内，随地吐痰，结果在走廊、教室内、草坪上经常出现令人作呕的痰迹。医学专家说过："如果某个人患了肺炎，他吐出的痰中的唾液蒸发到空气中，就会污染空气，传播肺炎，使更多的人被疾病困扰。"真不敢想象，这些痰会给我们的生活带来怎样的阴影。

第三，乱扔垃圾。现在有不少同学把早点带进校园吃，虽然绝大多数同学注意了环境卫生，但也有极少数不自觉的同学随手乱扔乱丢吃剩的垃圾。你知道吗，乱扔垃圾会使一个美丽的城市渐渐变成一个人间地狱。

这些不讲卫生的坏习惯给我们美丽的校园带来了很大的危害，给我们的健康生活带来了极为不好的影响。因此，养成良好的卫生习惯十分重要，我们不仅要自己讲究卫生，还要人人争当卫生监督员，共同把学校的卫生抓上去，人人养成良好的卫生习惯。

## 第**37**件事
### 养成良好的卫生习惯

### 记一记

**牙窟窿是被蛀虫咬的吗？**

牙齿上有窟窿有四种因素，即时间、宿主、细菌、食物，四种因素具备时才会导致牙齿龋坏，并不是蛀虫咬的。

为了减少疾病的发生，为了我们有一个美好的生活环境，让我们从小就养成良好的卫生习惯吧！

### 做一做

**要养成良好的卫生习惯，你可以这么做：**

★一定要注意，买零食不要在那些无卫生许可证的商店里买，并学会认识商标、生产日期，这样才能保证我们身体的健康。

★养成不随地吐痰的习惯。如果因为感冒而克服不了的，应该准备卫生纸，吐在纸上，再扔进垃圾桶。

★要努力克服随手乱丢垃圾的坏习惯，要把废纸、果皮、包装袋扔进垃圾桶，特别要杜绝从楼上往楼下扔东西的不道德行为。

★要养成随手捡拾地面上废弃物的习惯，从我做起，共同维护学校环境的整洁。

★为了更好地保障我们身体的健康，回家后先要认真地洗洗手，才能触摸家里的东西。特别是摸完钱后一定要洗手，因为钱在很多人之间传来传去，是病菌的传播源。

# 38

## 决不轻言放弃

　　命运全在搏击，奋斗就有希望。而失败只有一种，那就是放弃努力。有这样一个故事：

　　一个失意的年轻人向一位哲人请教成功的秘诀。哲人递给他一颗花生说："用力捏它。"年轻人用力一捏，花生的壳便碎了，剩下了花生仁。然后，哲人又叫他再搓，结果，红色的皮也被搓掉了，只留下了白色的果实。

　　哲人叫他再用力捏捏，年轻人迷惑不解，但还是照着做了。可是，不论他如

何用力，却怎么也捏不碎这粒花生仁。哲人叫他再搓搓，结果仍然是徒劳无功。

最后，哲人语重心长地告诫年轻人："虽然屡受打击与磨难，失去了很多东西，但始终都要拥有一颗坚强不屈的心，这样才会有美梦成真的希望。"

很多人一时间失意了，受到挫折了，或者失去了一些珍贵的东西，于是就心灰意冷要放弃了。有的人还会怨天尤人、愤世不公，却很少想过是否给自己打造了一颗坚强不屈的心。还有些人半途而废，甚至只是差了那么一点点，也不愿意再努力一下，就那么轻易地放弃了。

甲乙两人去攀登一座大山，到半山腰时，汗水把衣服浸湿了。这时他们发现有座凉亭，便进去休息。在阵阵凉风中，他们感到格外舒服，于是甲再也不愿意走了，对乙说："攀到了顶峰，又有什么好处？还得忍受很多辛苦，花费很多力气，我不上去了。"

乙说："不是讲好了要登上顶峰吗？"

"算了吧，这里的风景很好，我满足了。"甲坐着，一动也不动。

乙只好一个人继续往上攀登。他又流了一身汗，终于到达了顶峰，看到了比在半山腰所看到的更加壮丽的风景。

　　对于真正的攀登者来说，不能到达顶峰的攀登是完全没有意义的，因为登高的实质就在于享受那一刻极目于绝顶的快乐，这是那些没有毅力的人永远不能得到的满足。因为陶醉于一滴水的美丽，就不可能目睹大海的壮观。

　　如果没有坚强的毅力，就不可能像那个最终攀上顶峰的人，看到比在半山腰看到的更加壮丽的风景。我们在攻克学习难关的时候也是如此，如果碰到一点点困难就想到后退，就不可能品尝成功的喜悦。

　　有毅力的人，不会轻易动摇，他会坚持把事情做到底。而没有毅力的人，遇到一点点困难，就很轻易地选择放弃。

　　如果只是因为不喜欢或有点儿困难就轻易放弃，那最终什么都不会得到。强大的毅力和耐心是我们战胜困难最强有力的武器，有时候还会引发惊人的力量，这样，即使一些看上去根本不可能完成的事，也能取得最后的胜利。

　　那么现在就开始培养自己的毅力吧。不管别人怎么说、怎么诱惑，一定要坚持做完功课再出去玩儿。也许刚开始的时候很难做到，但是克服几次诱惑之后，你就会发现，自己开始变得越来越有毅力了！

第**38**件事
决不轻言放弃

**读一读**

你知道吉尼斯
世界纪录吗?

无论是什么,只
要能沾上一个"最"
字,都可以记入吉尼
斯世界纪录。

**想一想**

### 学飞的鹰

一个人抓到了一只幼鹰,他把幼鹰带回家,养在鸡笼里。结果,因为整天和鸡一起啄食、嬉闹和休息,这只鹰一直以为自己是一只鸡。渐渐地,鹰长大了,主人想把它训练成猎鹰,可是它已经不相信自己能飞了。

为了训练它,主人每天都把它带到山顶上,将它扔出去。每次这只鹰都要拼命挥动翅膀才能勉强飞到山顶,日复一日,长期坚持练习后,有一天,当再次被扔下山顶时,它终于一下子振翅高飞了!

这个故事说明了一个什么道理呢?好好想一想。

## 39

# 多去博物馆，增长见闻

在博物馆里面，我们可以看到什么呢?

博物馆里面，珍藏着历朝历代的文化艺术产品，这些文化艺术产品无声地向我们展示了历史发展的轨迹，告诉我们人类智慧是如何一步步发展的。

在博物馆里面，在玻璃展柜里，在聚光灯下，那些历朝历代的文化艺术产品、那些黑白照片，让我们展开了丰富的联想，我们好像走进了漫长的历史，去亲身经历那些难忘的故事。

在一些著名的艺术博物馆内，像法国巴黎的罗浮宫，像纽约大都会艺术博物馆，那里珍藏着人类文明史上最宝贵的艺术品，走进这些博物馆，细细观赏那些大师的作品，会使我们的艺术情操得到提升，还会使我们得到启发。

每个国家都会有自己别具特色的博物馆，在我们中国也是。比如著名的故宫博物院、北京历史博物馆、天津自然博物馆、上海古代艺术博物馆等，参观这些博物馆，肯定会有意想不到的收获，可以增长见识，引发学习的兴趣，丰富我们的知识。所以，我们要利用节假日，去参观这些博物馆，探索历史和自然的秘密。参观完，最好能够写一些参观日记，把自己的感想随时记下来。

下面为同学们介绍一些国内外著名的博物馆。

### 大英博物馆

英国伦敦的大英博物馆成立1753年，是世界上最大、最早的博物馆之一。博物馆内有12个藏品部门，如古代埃及和苏丹、钱币和奖章、人种学、希腊和罗马文物等，展示了世界各地区的著名文化遗产。

### 北京故宫博物院

北京故宫是明清两代的皇宫，又称紫禁城。故宫始建于明永乐四年（1406年），永乐十八年（1420年）建成。历经明、清两个朝代24个皇帝。现为故宫博物院。院内陈列我国各个朝代的艺术珍品，是中国最丰富的文化和艺术宝库。故宫的整个建筑金碧辉煌，庄严绚丽，被誉为世界五大宫之一（北京故宫、凡尔赛宫、白金汉宫、白宫、克里姆林宫），并被联合国教科文组织列为"世界文化遗产"。

## 学一学

这些关于博物馆的知识，你知道多少？

★ "博物馆"一词源于希腊语"缪斯庵"，它是祭祀希腊女神缪斯的祭坛和神殿，英文为Museum，意为"缪斯的遗产"。

★世界上的博物馆超过三万座，欧洲和美洲占大部分。中国的博物馆有千余座。

★中国最大的博物馆是北京故宫博物院。

★中国最早的博物馆是南通博物苑。

★世界上具有现代意义的最早的博物馆是法国卢浮宫博物馆。

第**39**件事
多去博物馆，增长见闻

### 记一记

#### 你知道世界著名的巴黎卢浮宫吗？

1793年，卢浮宫被辟为国家博物馆和艺术品陈列馆。里面珍藏着"蒙娜丽莎"、"断臂维纳斯"和"胜利女神尼卡"等著名艺术作品。值得一提的还有卢浮宫正门入口处的透明金字塔建筑，它的设计者是著名的美籍华人建筑师贝聿铭。

## 40

与大自然亲密接触

YU DA ZI RAN QIN MI JIE CHU

大自然给了我们很多很多，只有对大自然充满热爱的人，才会对人生充满希望，充满热情。从大自然中，我们也可以学到很多书本上没有的知识，还可以找到很多写作文的素材。

在万物还在沉睡的时候，春姑娘披着绿色的衣裳，迈着轻盈的步伐，悄悄地来了。

"你们快点儿起床吧！"春姑娘轻快地喊着。她所到过的地方，都变得绿油油的，充满了生机。随着春姑娘的到来，大地万物开始复苏，整个世界焕然一新。

几场绵绵的春雨润绿了小草，暖暖的春风吹绿了柳树。

换上轻便的春装，我们要出发去郊外踏青了。此刻，美丽的春天张开了五彩缤纷的翅膀欢迎我们到大自然中去，寻找春天的脚步。

你看，大路旁，小草偷偷探出了翠绿的脑袋，呼吸着散发着泥土芬芳的新鲜空气，吮吸着大地母亲的甘露。

田野里，嫩嫩的小麦经过春雨的冲洗，变得更绿了；油菜花也盛开着金黄色的花朵；蜜蜂在花朵上忙碌着，飞来飞去。

山腰间，桃树、梨树、杏树都争着开出鲜艳的花，一朵朵，一簇簇，红的像火，粉的像霞，白的像雪。

小河边，婀娜的柳树挥动着绿色的手臂婆娑起舞，小鸭子们在水中快乐地嬉戏，追逐，水面上不时漾起圈圈波纹。

快快抬起头看，天空中，可爱的小燕子从南方回来了，它们停在电线上，像五线谱上小巧玲珑的音符，唧唧喳喳地演奏着一曲曲欢快的春之声。

第**40**件事

与大自然亲密接触

**写一写**

在下面写下你最喜欢的植物，并请写出原因！

★我最喜爱的植物是＿＿＿＿＿＿，因为＿＿＿＿＿＿

＿＿＿＿＿＿＿＿

＿＿＿＿＿＿＿＿

＿＿＿＿＿＿＿＿

＿＿＿＿＿＿＿。

春天是这样美丽，春天的一切充满了活力。而身在其中的我们是不是也该"醒"了？一年之计在于春，我们要在新的一年里开出最灿烂、最光彩夺目的"花"。

在阳光明媚的春天去郊外踏青，不仅能认识大自然中很多有趣的现象，还可以在山清水秀中陶冶情操，使精神舒畅，让身体得到锻炼。

希望大家多多去郊游踏青，接近大自然，热爱大自然。

**做一做**

**春游时应该注意哪些事情呢？下面的提示可以参考一下。**

★注意防寒保暖，最好携带雨伞。

★虽然要亲近大自然，但是还是尽量避免接近野生的动物和鸟类吧。研究发现，不少疾病都与其传播有关。你只要不伤害它们就好。

★春季气温多变，皮肤易过敏。因此过敏者应带上抗过敏药和防晒护肤品，以防万一。

★不要带过多的物品，最好带用得上的，也不要带过多的贵重物品，注意自己的财产安全。

★跟老师和同学出去时，一定要一切行动听指挥，切勿单独行动。

# 热爱学习

# 41

ZHI DING XUE XI JI HUA TI GAO XUE XI XIAO LÜ

## 制订学习计划，提高学习效率

　　呜呜今年读四年级了，学习成绩平平，既不会落后到最后几名，也没有什么进步，他学习的时候总是很随意的样子。

　　一天晚上，爸爸、妈妈都快要睡觉了，可呜呜屋里还亮着灯。爸爸敲开房门，说："呜呜，该睡觉了，要不明天起不来。"

　　"爸，过两天我们班要测验，我得看看书。"呜呜说道。

　　"你这孩子，平时放学看不到你的影子，这倒好，要考试了就来临时抱佛脚。"妈妈走过来说。

测验结果出来了，鸣鸣考得很不理想，他自己心里也纳闷儿："我都开了好几天夜车了，为什么考试的结果还是这样呢？"

像鸣鸣这样的人还有很多，他们学习的时候都很随意，没有计划性，平时不好好利用时间，到了考试的时候又临时抱佛脚，结果当然是得不到好成绩了。

学习如果没有计划，就会陷入一种茫然无序的状态中，既浪费了时间，又无法达到预期的效果。

时间是最公道的，对任何人都一视同仁，每人每天24小时，不会多，也绝不会少。可是，不同的人利用时间的效果却大不相同。就学习来说，有的人整天埋头苦读，并没有很好的成绩；有的人不仅学习成绩好，课外活动也很丰富，生活非常充实。

为何会出现这种差异呢？其中一个很关键的原因是运用时间的方法不一样。如果能够科学合理地为自己制订学习计划，就能够做到开心地玩儿、认真地学，并取得好成绩。

所以，我们要学会制订学习计划。刚开始可能有点儿困难，你可以请老师和家长帮忙。渐渐地，我们就要学会自己动手制订计划。只要能坚持下去，你一定会做得很好，取得很好的成绩。

第**41**件事

制订学习计划，提高学习效率

## 记一记

在人生的道路上，必须拟订计划，然后再一步步迈进。

——佚名

做一做

**制订学习计划要注意哪些方面呢？**

★要安排好常规学习和自由学习的时间。常规学习就是按照学校规定的学习时间学习，包括在校上课和在家做作业的时间，这部分时间应当根据学校规定和老师的要求去安排。自由学习时间，是指完成老师布置的学习任务后所剩下的可由自己支配的时间。

★要注意长计划和短计划的安排。长计划就是指一个学期要实现的一些大目标，而短计划就是一周甚至一天所要实现的小目标。

★要合理安排各种学习内容，注意计划的效果，及时作出调整。每个学习计划执行到一个阶段，就应该检查一下效果。如果效果不好，就需要查找原因，进行必要的调整。

# 42

## 克服健忘，主宰记忆力
KE FU JIAN WANG ZHU ZAI JI YI LI

英子是一个很散漫的人，经常丢三落四，她为此吃过很多苦头，可是毛病照样没改。

因为这个，她常常觉得很尴尬。比如，今天早上在路上碰见一个上一年级的同学，那个同学很热情地跟她打招呼，还谈论了一些昨天郊游的事情，可是她一直没有想起来这个同学的名字。昨天她们才在郊游的时候认识，当时两人走在一起，还玩儿得很开心，并互相介绍了自己，可是才一个晚上的工夫，自己就把人家的名字给忘了，怎么想也想不起来，你说尴尬不尴尬？英子越想越郁闷。

这时，有人拍了一下她的肩膀，回头一看，原来是好朋友小云。小云问她："想什么呢，又在发呆？"

"没有什么啊。"

"你是不是忘记了一件事？"

"什么事？"英子又开始紧张了。

"真的想不起来了？今天是我生日，你不祝福我？"

"哦——对不起！"英子开始为自己的健忘感到生气了。

有时候你是不是也会有这种健忘的情况？不过这倒不用担心，大多数健忘都是我们记忆疏忽的缘故。学习也一样。

学习就是一个理解、记忆和运用的过程。也就是说，记忆在学习中占了很大一部分，并影响学习效果。如果从现在开始掌握一些科学的记忆方法，并灵活运用，就可以明显提高学习效果，一分钟的时间起到两分钟的作用。这样不仅可以迅速提高我们的成绩，还能省出更多时间去做一些喜欢的事情。

而且记忆是积累知识经验的基本手段，是学习的基础。中小学生学习的内容大部分是靠记忆来掌握的。科学研究表明，人的大脑的功能只有很小的一部分被开发和利用，人的脑细胞还没有得到充分的使用。所以人的记忆潜能从理论上讲是无限的。有的人记忆力特别好，好像没有什么是他记不住的，这是因为他能长期地训练自己的记忆力，所以脑中的记忆方法就越来越多，结果记忆力越来越好。因此，要想成功地改进自己的记忆能力，关键在于要加强记忆方法的训练。后面的"做一做"为你提供了一些方法，你可以尝试一下。总之，只要你用心去做，相信你的记忆力也会越来越好的。

**第42件事**

克服健忘，主宰记忆力

### 记一记

一般来说，我们大多数同学的健忘是粗心的坏习惯导致的，只要我们细致一些，养成好习惯，慢慢就能改掉这个毛病了。

**做一做**

如何提高记忆力，这里给同学们介绍一些方法，不妨试一试。

★记忆的时候，要保持愉快的心情。有一句话说"人逢喜事精神爽"，精神状态好、心情愉快的时候去学习，就很容易理解，记忆效果也很好。如果心情不好，就难以读进去，效果极差，甚至半天也不知道自己看了些什么。

★不要长时间学习同一种东西。最好是同一种东西只学30分钟，然后学习另外一种不同的内容。这种交替的方式能够有效地提高记忆的效果。

★学习的时候要多动手。要牢记某种知识，边写边记是最确实可靠而且行之有效的方法。

★制作学习小卡片。把要记忆的材料抄在卡片上，随时拿出来复习，这就是卡片记忆法。一张张卡片犹如记忆的仓库，对增强记忆力来说，效果很好。

# 43

## 掌握考试技巧

为什么有些同学平时学习很好，但是到了考试，总是出人意料，不能发挥出正常的水平呢？为什么有些同学总在考试的时候情绪不好，或者失眠，或者生病，以至于考场失常？还有一些同学在考试的时候总是觉得时间不够，不能够在限定的时间内完成，白白丢失分数，还有……

一般来说，考试不仅是在考我们掌握知识的程度，还要考验我们应对考试的能力。所以平时学习很努力，也并不一定能考出好成绩，我们还应该掌握一些基本的考试技巧。如果平时能学着掌握并运用，相信你会取得令人满意的成绩。

第一，复习的时候要制订一个有效的计划。在复习阶段，老师一般会提出一些要求，比如考试范围、考题类型等，你要认真地把这些东西记下来，再结合自己的具体情况，制订一份切实可行的个人复习计划。

复习的时候要有针对性。我们要找出考试的重点内容、平时没有掌握好的内容、容易忘记的内容，进行重点复习。

第二，考试前不要"开夜车"。"开夜车"表面上好像是争得了时间，但由于过度疲劳、神志不清，复习的效果并不好，还会影响第二天听课的效果，得不偿失。

第三，先通读试卷，做到心中有数。考卷发下来后，不要急着答题，要先检查试卷，看题目是否清晰、完整，同时一定要听清楚监考老师提出的要求或订正的试题错误等。

一般情况下要先做容易的、小的、熟悉的题目，再做难的、大的、生疏的题目，这样可以使大脑很快进入状态，有利于排除紧张感，稳定心情并增强信心。

最后，要注意合理分配时间，注意书写。相信有了以上的技巧，你一定可以在考试中取得一个好成绩！

**❓做一做**

考试时要注意一些细节，避免因为小事失分或者造成大的损失，赶紧看看下面的提示吧：

★拿到试卷，要认真仔细地先填好自己的班级和姓名。

★仔细审题，每个题目都要多读几遍，不仅要读大题，还要读小题，不放过每一个字，遇到暂时弄不懂题意的题目不妨多读几遍，容易混乱的地方也应该多读几遍，千万不要匆忙下笔。

★每个题目做完了以后，把自己的手从试卷上完全移开，好好看看有没有被自己的手臂挡住而遗漏的题；试卷第1页和第2页上下衔接的地方一定要注意，仔细看看有没有遗漏的小题。中途遇到真的解决不了的难题，注意安排好时间，先把后面会做的做完，再来重新解决难题。

**学一学**

**为什么考试紧张的时候会想去厕所？**

这是因为紧张时，膀胱壁会用力收缩。即便膀胱没有装满尿液，也会想去厕所。

**44**

寻找学习榜样

XUN ZHAO XUE XI BANG YANG

我要努力高飞！

　　云雀看见麻雀整天在树枝上跳来跳去，就问："麻雀阿姨，你为什么不飞得高一点儿呢？"

　　麻雀斜着眼瞄了云雀一眼，说："难道我飞得还不高吗？你瞧瞧公鸡。"

　　云雀于是去问公鸡："公鸡伯伯，你为什么不飞得高一点儿呢？"

　　公鸡骄傲地在房顶迈着八字步，反问："难道我飞得还不高吗？你瞧瞧鹌鹑吧！"

　　鹌鹑奋力从草尖上飞过，得意地对云雀说："难道我飞得还不够高？你瞧

瞧癞蛤蟆！"

后来，云雀遇见雄鹰，便向雄鹰请教："雄鹰叔叔，你为什么飞得那么高呢？"

"不，不，"雄鹰谦虚地说，"离蓝天，我还差得远呢！"

"啊，我明白了，"云雀眨着眼睛想，"谁如果想展翅高飞，就不能把目标定得太低，如果眼睛只盯着树冠以下，那就永远不可能在蓝天白云间翱翔。"

傲慢的麻雀、骄傲的公鸡和自满的鹌鹑，它们老是低头看不如自己的动物，结果就觉得自己很了不起。它们永远也不会像雄鹰那样在蓝天白云间翱翔，只能在低处勉强飞行，做自欺欺人的自满者。

其实，在我们的周围，也有这样的例子。有的同学整天碌碌无为，没有更高的目标，像自满的麻雀、公鸡和鹌鹑一样，只会往低处看，永远进步不了。

另外一些同学就不一样了，他们一直在寻找那些优秀的学习榜样，为自己树立奋斗的目标，像雄鹰一样，向更高处的蓝天白云看齐。通过不懈的努力，他们终于能够在蓝天白云间自由翱翔，看见更远处的美丽风景。

有一句话，山外有山，强中自有强中手。所以任何时候，对自己所取得的成绩都不能有自满的态度，应该扩大范围，寻找比自己更优秀的学习榜样和竞争对手。只有这样，才能不断取得优秀的成绩。

要注意的是，给自己找个学习榜样和竞争对手，并不是寻找"敌手"，不是为了恶意的挑战，不是为了逞威风。寻找对手是为了树立自己奋斗的目标，学习对方的优点，让自己不断进步。

　　在生活和学习上给自己找个竞争对手，就是为自己找一个优秀的参照物，不断激励自己，吸取他人的优点，充实自己、锤炼自己，让自己能够不断地迎接挑战，并且把其中的经验与教训作为自己不断成长的营养。

　　不管是在学习上，还是在生活中，都为我们自己找个优秀的榜样和竞争对手吧，这样可以让我们在竞争的氛围里得到充实，得到锻炼，获得更大的进步。

**做一做**

　　假如你是一名优秀的长跑运动员，之前你已经获得了很多比赛的好成绩，那么这次你要参加一个重要的比赛，你的对手由你自己选择，一组是比你的水平低的毫无竞争力的选手，一组是和你的水平相当，甚至有的比你要高的选手，那么你会选择哪组做你的比赛对手呢？

　　你愿意毫无悬念地得到冠军，还是要挑战一下，证明自己的实力？为什么？

第**44**件事
寻找学习榜样

**学一学**

　　每年的3月5日是中国的"学雷锋日"。它的设立是为了纪念国人的榜样——雷锋，也是为了提醒大家要发扬艰苦朴素、乐于助人的传统美德。

# 45

学会自我反省

XUE HUI ZI WO FAN XING

很久很久以前，鸭子和天鹅是一对亲兄弟，它们的外貌一模一样。鸭子是哥哥，天鹅是弟弟。

它们长大后，一同拜山鹰为师，学习追云赶月的飞翔技艺。跟老师学习了才三天，鸭子就有些受不了啦。

"唉，要是我们生在山鹰家里多好，从小就能出类拔萃，翱翔天空，省得受这份罪，去练这飞翔的技艺。"鸭子唉声叹气地说。

天鹅说："真本事来自苦用功，哪有一生下来什么都会的人呢？就是山鹰的孩子，也通过长期的勤学苦练才练就了一身过硬的翱翔技艺。不信，你问问老师。"

"是啊，我们山鹰的孩子练起飞翔来一点儿也不比你们轻松，翅膀刮伤，脖子扭坏，那是常有的事。"山鹰笑着说。

鸭子平静了没几天，心里又烦躁起来："哼，山鹰练飞虽比我苦，可它起点比我高呀，我再苦练也赶不上人家。干脆另谋出路。"天鹅苦劝无效，最终鸭子还是开小差溜了。

而它的弟弟天鹅，经过长期的刻苦训练，早已成了举世闻名的飞行家，它飞越高山大河，往往连老师都望尘莫及。

有好事者问鸭子对此有何感想，鸭子说："人家命好，老师偏向父母宠，要是我有它那些条件，我肯定比它现在飞得还远还高，高山大河算什么！"

直到今天，鸭子还牢骚满腹地嘎嘎叫，从不低头沉思一下自己到底错在哪里，而它也永远飞不起来。

很多人犯了错误之后，只是抱怨一声就完了，并没有去认真反省自己错在哪里，结果到了下次，又犯了同样的错误。

有一只小鸟正在忙着收拾家当准备搬家，这时候它的邻居过来了。

它的邻居问："你要到哪里去？"

小鸟说："我要搬到东边的树林去。"

邻居又问："在这里住得好好的，为什么要搬家呢？"

小鸟沮丧地说："你有所不知!这里的人都讨厌我的歌声，说我唱得太难听，所以我必须搬家。"

邻居答道："其实你不用搬家，只要改变唱歌的声音就行了。如果你不改变唱歌的声音，就算你搬到东边的树林去，那里的人也一样会讨厌你。"

小鸟埋怨别人不喜欢它的歌声，于是到处搬家。正像它的邻居所说的那样，如果它没有改变自己的歌声，那么无论它搬到哪里，都不会受人欢迎。

在我们的生活中也是如此，犯了错误或者遇到挫折之后，如果不懂得自我反省，找出原因，那么下一次在同样的地方还会犯同一个错误。

其实，有些同学也有这种坏习惯。比如在考卷发下来后，他们关心的只是那个鲜红的分数，从来不去看看是哪里错了，为什么会错。结果到了下一次考试的时候，以前错过的地方照样犯错，以前不会做的题目现在仍然不会做。这样的学习态度怎么可能提高学习成绩呢?

人不怕犯错误，关键是要知错能改。我们对所犯的每一个错误都要认真分析，认真记录，避免

**记一记**

自我批评，这是一所严酷的培养良心的学校。

——罗曼·罗兰

下次重蹈覆辙。这样，错误就变成了经验。在某种程度上，这些经验比最后的结果还要宝贵。

对待学习是如此，对待生活中的每一件事情同样应该如此。犯了错误，要懂得回头，不能钻牛角尖。

从现在开始，每天抽出一定的时间自我反省，并长期坚持下去，成为一种习惯。自我反省会让我们发现问题，改正错误，这样就会让我们的学习和生活更加有效率，更加完美！

**想一想**

什么错误是让你记忆深刻的呢？如果你还能记得，就把它写在下面吧，再仔细反省一下，同样的错误你有没有再犯过第二次呢？

★ _____

_____

★ _____

_____

★ _____

# 46

**锻炼语言表达能力**

DUAN LIAN YU YAN BIAO DA NENG LI

　　东东在上台演讲之前，已经把要说的话背得滚瓜烂熟，可是真的轮到自己的时候，他又像上次那样，什么也想不起来，站在那里张口结舌、手心出汗。他虽然鼓足了勇气，却仍然没有足够的自信，说话断断续续，声音像蚊子叫那么小。

　　走下演讲台后，东东十分后悔，为什么刚才会那样紧张呢？这个时候再想想，就能很快地把演讲内容十分流畅地说出来。唉，怎么办呢？东东叹气不已。

　　其实还有很多同学都有过东东这种经历。他们平时和朋友聊天说话的时候十分

健谈，想说什么就说什么，想法表达得非常清楚。可是一到正式的场合，或者在很多人面前，或者在陌生人面前，他们就开始紧张了，身体发抖，满头大汗，不敢抬头看别人的眼睛，一直低着头，说话结结巴巴。

在生活中，能够在别人面前把想法表达清楚，是一种十分重要的能力。因为人类的语言是交流思想感情的最有力的工具，语言表达可以准确地把自己的想法或感情传递给别人，让别人了解，并理解你。

但是，良好的语言表达能力，并不是与生俱来的能力，也不是轻易就能学来的技巧。它需要我们长时间去努力锻炼。你要相信你自己可以做到！

**做一做**

如何锻炼自己的语言表达能力呢？参考下面的做法吧。

★我们一定要对自己有信心。每个人演讲的时候都会紧张，只是程度不同而已。一定要对自己有能讲好的信心。

★作好充分的准备。要把所要讲的内容好好理解，最好一条一条地写在纸上，不清楚的要及时请教别人。

★注意一些演讲的技巧。比如，说话的速度要放慢，说话要简洁有力，不啰唆。要突出重点，其他无关紧要的话少说。

第**46**件事
锻炼语言表达能力

**记一记**

**不同国家不同的见面礼节**

西方国家以拥抱亲吻致意，东南亚佛教国家以双手合十致意，日本行鞠躬礼……不同国家有着不同的见面礼节，不过现在国际上比较通用的还是握手礼！

# 47

## 参加一次升旗仪式

　　班超出生在一个贫困的家庭里，但他并没有因为家里生活艰苦而不断抱怨，反而为了供养自己的老母亲，他每天都要靠替官府写文书赚钱。

　　这时候，正赶上匈奴入侵，国家边境的安定受到了威胁，人民的生活陷入了一片苦海。班超看到这种情况感到非常痛心，他想为国家的安定贡献自己的力量，他说："男子汉大丈夫应该在战场上拼杀，我整天坐在这里写这些东西有什么用呀！"他说这些话时遭到了别人的耻笑。

但是，不久之后班超就投笔从戎了。他跟随着汉朝的大将军与匈奴作战，多次为汉军出谋划策，使得汉军多次取得胜利，最终把匈奴军队赶到了离汉朝边境很远的地方，立下了战功，成为一名年轻的将军。

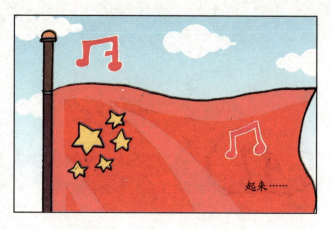

班超在匈奴入境，国家边境的安全受到威胁时，有着一颗忧国忧民的心，他没有泡在书房里舞文弄墨、读书习字，去过暂时安定的生活，而是一心想着击退匈奴，为国效力。正因为有这样忧国忧民的爱国之心，他才能够毅然地投笔从戎，成为一代名将，最终为国家的安定作出了巨大的贡献。

每个人都应该有自己的民族意识，应该深深爱着自己的祖国，无论何时何地，都不要忘了自己的祖国。

爱国就是对祖国的忠诚和热爱。在我们中国，历朝历代，许多仁人志士都具有强烈的忧国忧民思想，他们以国事为己任，前仆后继、临难不屈、保卫祖国、关怀民生，这种可贵的精神，使中华民族历经劫难而不衰。

爱国的内容十分广泛，热爱祖国的山河，热爱民族的历史，关心祖国的命运等，都是爱国主义的表现。在中华民族五千年的发展历程中，中华民族形成了以爱国主义为核心的伟大的民族精神。

现代化的建设更需要我们不断弘扬这种爱国主义的优良传统。只有这样，中华民族才能重振雄风，为人类文明与进步作出更大的贡献。

我们从小就要培养自己的爱国情感和振兴祖国的责任感，树立民族自尊心与自信心。我们要积极进取、自强不息、艰苦奋斗、顽强拼搏，真正把爱国之志变成报国之行。今天为振兴中华而勤奋学习，明天为创造祖国辉煌未来贡献自己的力量！

参加升旗仪式的时候，要深情地向国旗敬礼，在心里默默立下为祖国而奋斗的志向。

**做一做**

　　每个国家都有自己的国旗，你能认识几个国家的国旗呢？如果认识的很少，那么现在就去找一找别的国家的国旗吧，选几个印象最深的，把它们画在下面。

_____国国旗　　　　_____国国旗

_____国国旗　　　　_____国国旗

第**47**件事
参加一次升旗仪式

**记一记**

　　你知道中国的国旗是谁设计的吗？这个问题你一定要记牢哦，中国国旗的设计者是曾联松。

## 48

合理利用电脑、电视

　　有调查显示，现在很多学生不知不觉间成为忠实的"电视迷"。他们放学回家，书包一放，赶紧打开电视，从动画片到电视剧，没完没了地看下去，把复习功课抛到九霄云外，经常是等到爸爸、妈妈强行关掉电视机才罢休。有时候，为了看电视问题，他们甚至还会和爸爸、妈妈闹矛盾。

　　在这些"电视迷"的心里，电视里什么都有，童话、动画、连续剧、古今中外各种趣事等，实在是太精彩了，真恨不得一天到晚看下去。

　　还有一些学生则被电脑迷住了。那些游戏惊心动魄、扣人心弦，让他们舍不得离开，更忘记了其他要做的事情。

　　有些人会说，看电视与玩游戏不但可以开发智力，还可以让人暂时从枯燥的学习中解放出来，得到放松。

　　虽然如此，但是如果一味沉溺于电视和电脑游戏，只会有更多的坏处：会使人懒惰，不爱思考；占用大量的学习时间；会影响视力；会消磨意志，使人心情沉重等等。

　　所以，我们应该让自己与电视和电脑游戏保持距离。

　　当然，保持距离并不是要完全排斥，我们要好好利用电视和电脑的优点，为我们的学习和生活服务。

　　比如，有一些专门为我们少年儿童录制的电视节目，具有很好的教育意义。

看这些节目，可以开阔眼界、增长见识、提高认识能力和判断是非的能力。对于这些节目，可以在学习之余安排时间观看。看完后，还可以与爸爸、妈妈或同学讨论，或者写日记或观后感，作为写作文的素材。

另外，现在电脑已经越来越普及了，而且功能也越来越多、越来越强，所以电脑已经成为我们日常生活中不可缺少的一部分。或许再过几年，不会用电脑的人在生活中会遇到很多麻烦。

所以，不能再光想着玩电脑游戏，应该多学点电脑知识了。刚开始的时候，你可能会觉得这些知识太枯燥、太难了，一点儿也没有游戏那么好玩。但是，你一定要坚持下去，等你学到一定程度的时候，就会突然发现，电脑已经在你的面前展开了一个无限广阔的丰富世界。

什么东西都有它好的一面，也有不好的一面，关键在于你能不能主动利用它的优点，抛弃那些缺点。

第**48**件事

合理利用电脑、电视

## 学一学

　　如果你自我约束能力比较差，就请爸爸、妈妈来监督自己，做到合理使用电脑，有效使用网络吧。

**做一做**

### 你是合格的网民吗？

★要控制好上网时间，不可过度。

★选择适合自己的网络信息。不涉足色情、暴力内容。学会保护自己。

★多与现实中的人交往，让自己生活在周围同伴的友谊之中，而不要沉溺于没有任何意义的虚拟世界。

# 49

PEI YANG AN QUAN YI SHI

## 培养安全意识

在我们的生活中，有时会出现一些狡猾的坏人，如果我们缺少警惕意识，就很容易上他们的当，后果不堪设想。那些坏人往往不会直接表现出他们丑陋的本质，而是用迷人的微笑、甜言蜜语或物质报酬等诱惑人。

有只鸡生病了，黄鼠狼听说后便装扮成医生，带着医疗用品前去看望。

"听说你病了，我懂得怎么看病，你能告诉我你哪里不舒服吗？"黄鼠狼站在鸡窝前面，一副很耐心的样子。

"谢谢你的看望，我还好！"鸡往鸡窝里边挪了挪。

　　"我还是为你仔细检查一遍吧，请你往我这边来一点儿，不要和我隔得太远嘛！"黄鼠狼往前凑了凑说。

　　鸡回答说："检查就不用了，只要你离开这儿，我就不会死。"

　　虽然黄鼠狼装成善良的模样，可是聪明的鸡还是看出了它心怀叵测和有所图谋，坚决地拒绝了它假惺惺的好意。

　　在生活中，有些坏人也像黄鼠狼一样假装善良，如果不能及时辨别真相，就会上他们的当。我们该如何提高自我安全保护意识，并学会巧妙应对突然来临的意外呢？

　　"自我保护"要求了解一些法律常识，学会运用法律手段维护自己的正当权益，增强分辨是非的能力，敢于同不良行为及坏人坏事作斗争。还要了解基本的医疗卫生常识，知道一些在紧急情况下基本的处理方法和救护常识。

　　比如，独自一人在家时碰到陌生人叫门该怎么办呢？这种情况下，你可以采取以下措施作好预防：

　　第一，一个人在家时，首先要锁好房门。出门的话要关好门窗，防止盗贼潜入。

　　第二，当有人敲门时，一定要问清来意。对陌生人，坚决不要开门。特别是遇到有陌生人以维修工等身份

要求进门时，你可以寻找借口，请他不要打扰你。如果对方想要强行闯入，你可以立即到窗口、阳台等处高声喊叫或者报警。

再比如，有人怂恿你去偷盗，你该怎么办呢？偷盗是违法犯罪行为，遇到这种情况，你坚决不能参与。当有人怂恿你参与偷盗时，你可以采取以下方法：

一、严词拒绝。"偷盗是违法的，伤天害理。你别想让我跟着你们去干。"

二、借故推辞。"真不巧，我家有急事，我必须马上回去。"故意躲开怂恿你去干坏事的人。

以上这些都是日常生活中很有可能会遇到的事情，只要你注意在平常积累这方面的知识，牢记一些日常自我保护知识，相信你一定可以很好地应付那些突发状况，保护好自己。

## 第**49**件事
### 培养安全意识

### 记一记

**为什么小学生戴的安全帽普遍是黄色的呢?**

在阳光下，哪种颜色的波长越长，便越醒目。红色的波长是最长的，但是红色普遍用于紧急停止的警告标志和警示标志。所以波长仅次于红色的黄色便成为小学生安全帽的颜色，来提醒过往车辆注意小学生的安全。

**做一做**

**对于小学生来说，应该做到以下几点：**

★ 了解一些基本的法律知识，并通过报纸、电视等媒体，广泛了解当前犯罪分子的行骗方式等。

★ 理智自制。要有对意外得到钱物的警惕、拒绝诱惑的勇气、摆脱困境的信心和抗拒威胁暴力的决心，要对自己体力和能力有客观的估计。

★ 学会灵活地自卫和利用环境保护自己、借用他人保护自己、运用法律保护自己等。

# 50

## 讲文明礼貌

一天，仙鹤在散步的时候，遇见停在路边小树上的麻雀，仙鹤邀请麻雀去它家吃茶点。

"您真是太好了！"麻雀对仙鹤说，"从来没有人请我吃过饭。"

"我是非常高兴请您的。您的茶要放糖吗？"仙鹤递上一缸糖给麻雀。

"好啊！"麻雀边说边把半缸糖倒进了它的杯子，另一半都撒在了地上。

"我几乎没有朋友！"麻雀又说。

"您茶里要放牛奶吗？"仙鹤又问道。

"要，要！"麻雀说着又倒了一半牛奶在杯子里，其余的全泼在桌子上了，把桌子搞得一塌糊涂。

"我等啊等啊，没有一个人来请我。"麻雀又接着说。

"您要小甜饼吧？"仙鹤又问道。

"小甜饼吗？要的！"麻雀说着拿起小甜饼就往嘴里填，饼的碎屑撒了一地。

"我希望下次您再请我来。"麻雀一边吃一边说。

"或许我会再请您的，不过这几天我太忙了。"仙鹤说。

"那么下次见。"麻雀说着又吞了几个小甜饼，用餐巾擦了擦嘴走了。

麻雀走了以后，仙鹤又是摇头又是叹气，它无可奈何地收拾一片狼藉的餐桌。

可想而知，下次仙鹤是不会再请麻雀来吃饭了！像麻雀这样，一个不讲礼仪、行事粗鄙的人是永远不会受人欢迎的。可怜的麻雀到最后也没弄清楚自己的问题出在哪里。

所以我们要学习一些文明礼仪知识，做一个受欢迎的人。

在生活中，有些人喜欢插嘴，经常打断别人说到一半的话，这是一种不尊重人的做法，会引起别人的反感。所以，在和别人——不论是老师、家长或同学交谈的时候，要多听少说。在倾听对方说话的时候，要注视说话者，保持目光接触，不要东张西望。不要中途打断对方，让他把话说完。如果有问题，要等对方把一句话说完再提出来。

当你得到别人的关心、帮助时，不论这种关心和帮助是大还是小，都要表示真诚的感谢。当有人为你递上

一杯水、在街上为你指了路、捡起你掉下的东西时，你都应该向人及时表示谢意，对别人说声"谢谢"。

　　还有很多地方需要注意礼仪，你只要认真学习，肯定会做得很好。最后请你记住几个常用的礼貌用语：请、你好、谢谢、对不起、再见。这十个字简洁明了，通俗易懂，在我们平时跟人交往中，如能经常使用这"十字用语"，就可以避免许多不必要的误会和麻烦。

**做一做**

**这两个小朋友谁做得对？请你评一评。**

1.一位拄着拐杖的老爷爷上车后没有座位，站在州州旁边，但是州州却扭过头望着窗外，假装没看见。

我认为：＿＿＿＿＿＿＿＿＿＿＿＿＿＿＿＿＿

＿＿＿＿＿＿＿＿＿＿＿＿＿＿＿＿＿＿＿＿

＿＿＿＿＿＿＿＿＿＿＿＿＿＿＿＿＿＿＿＿

2.一位抱着婴儿的阿姨上了车，莉莉看见后忙起身让座，并且说："阿姨，坐我的座位吧。"

我认为：＿＿＿＿＿＿＿＿＿＿＿＿＿＿＿＿

＿＿＿＿＿＿＿＿＿＿＿＿＿＿＿＿＿＿＿＿

＿＿＿＿＿＿＿＿＿＿＿＿＿＿＿＿＿＿＿＿

**记一记**

**中国何以被称做"文明礼仪之邦"？**

中华民族悠悠几千年，沉淀下来的文明礼仪可以说不胜枚举，名目繁多，现今的礼仪大国日本、韩国的许多礼仪还是从中国汉朝和唐朝流传过去的呢！因此中国被称做"文明礼仪之邦"就毫不稀奇了。

185